ちくま文庫

「居場所」のない男、「時間」がない女

水無田気流

筑摩書房

はじめに　サラリーマン家庭の「時空間の歪み」

この国には、巨大な時空の歪みが存在している。

SFの話ではない。今、この瞬間も進行中の事実である。それは、サラリーマンの夫と妻のあいだに横たわる、暗くて深い「時空の溝」に由来する。

この国で、多くの夫と妻はたとえ「生涯」を共にしても、「生活」を共にしてはいないのである。いわゆる、夫が稼ぎ、妻が家事育児を引き受ける……という性別分業は、夫婦の生活時間と空間を分離してきた。

現在、この生活スタイルは、疑いをもって見られていない。仕事のために帰宅が遅く、家事育児も地域活動にも参加できない夫……というのは、別段珍しくもない。むしろ昼間の郊外地にいる中年男性は、奇異な目で見られたりする。

たとえば昨今では、児童生徒の安全を確保すべく、怪しげな人物についての情報が逐一地方自治体のお知らせメールで回ってくる。私も小学生の子どもをもつ身で、日々そのような事案発生メールを受け取っているが、怪しい人物として報じられるのは、ほぼ昼間に住宅地をうろついている男性である。

もちろん、必要な情報は多い。児童が身体を触られたり、暴力を振るわれそうになったり……というような情報は、共有されてしかるべきである。だが最近、中にはそんな大げさに告知すべきものかと首を傾げるような「事案」が多く含まれているのに気がついた。たとえば「児童が道を聞かれた」事案。「この道を行くと駅ですか?」と尋ねられた事案。「落とし物だよ!」と声をかけられた事案。中には、「道を男性が歩いている」ことまで、事案とされてメールで流れてきたりする。

個人的なことで恐縮だが、我が家は共働きで、しかも夫婦共に大学教員である。いわゆる「普通のサラリーマン家庭」のような就労形態ではなく、このため夫婦そろって「普通のまともなご家庭の人」には見えない。

私は締め切り前は髪はぼさぼさ、目の下に隈を作って執筆中の原稿の文面をぶつぶつ音読しながら公園に子どもを遊びに連れていったりしているが、今まで一度もまともそうなお母さま方から声をかけられたことなどなく、「公園デビュー」は果たせずじまいで現在に至る。

そして夫も、大学が休みの期間で論文執筆にかかっているときは、髭も剃らず、髪も伸び放題でひどいありさまである。その姿で、子どもが幼稚園児のころはお迎えに行ったり、夕食の買い物に出たりしてくれている。まだ子どもが一歳のころ、そんな風体の上に子どもを抱っこひもでお腹にくくりつけて買い物に行ったとき……お店の人から、何だか腫れ物に触るような哀れっぽい目で見られたという。

「あれは絶対、女房に逃げられた無職のおっさんを見る目だった」

と、夫はぼやいていた。

ふと思ったが、私はどんなにひどい風体でも、子連れで歩いていてそこまで怪しまれることはない。考えてみたら、つねに頭の中身が原稿ワールドに飛んでいるせいか、目つきが怪しいらしく、以前はよく警察官に職務質問を受けた。だが、子どもを連れ歩くようになってから、警察官のみなさんの目が優しいことに気づいた。ああ、私は「交通弱者」として、見守り対象なんだな……と、しみじみ思った。それに比べ、夫への理不尽な視線は、いったいどこから来るのだろう?

昨今、「イクメン」がもてはやされてはいるが、数値の上で男性の育児時間はそれほど延びてはいない。また、メディアに登場する「イクメン」のみなさんは、若くてスマートでイケメンなイクメンが多い。

おそらくイクメンというと、ヨーロッパ製のベビーカーなどを颯爽と押し、爽やかに闊歩するイメージが浸透しているのではないか。だが、現実はどうだろう。私見では、現実にいるイクメンなお父さまの多数派は、決してオシャレでイケメンな人たちではなく、普通のおっさん・(失礼します)ではないのか。私は普通のおっさんが、抱っこひもで子どもをくくって近所をうろつく姿が、哀れみの目ではなく笑顔で迎えられる社会になってほしいと、心から願っている。

第1部で詳細を書くが、基本的にファミリー仕様である郊外住宅地は、規格外の人間をやんわりと排除する空間である。ここは独身者、中でも中年独身男性にとっては極めて居心地の悪い空間となっている。郊外の住宅地は、「家庭を守る主婦(女性)と子ども」のための場所とされ、一方、都市部は「働く被雇用者(サラリーマン)(男性)」仕様の時空間とされているからだ。

昨今では都市部はベビーカーや車いす使用者、さらには足の弱いお年寄りなどが、物理的にも心理的にも「バリア」だらけの環境で難渋している。第1部で詳細を述べるが、郊外に住む男女の日常的移動時間を意味するパーソントリップ(PT:Person Trip)を比較すると、男性は女性の3倍近い移動時間を通勤に使っている。平日昼間は、夫婦は生活空間も共有する時間も、完全に異なっているのだ。この時空間のずれは、私たちの生活観を男女でまったく異なるものにしている。

さて、女性は自宅近辺でのんびり生活しているのだろうか？　実は日本の既婚女性は家事・育児も含めた総労働時間は男性よりも長く、睡眠時間は短い。第2部で詳細を述べるが、とにかく日本の女性には「時間がない」のだ。

既婚の子持ち女性には時間がなく、それが分かっているから未婚女性もＤＩＮＫｓの女性も、結婚や出産に踏み切れずにいる。さらに、根本的に出産のタイムリミットが迫られることから、結婚・出産・育児のタイミングとキャリアの両立を考えねばならず、「人生の自由時間」そのものが乏しい。この現状を、私は女性の「時間貧困」と呼ぶ。

では、男性は女性よりも自由で幸福なのだろうか？　幸福度で見ると男性は女性よりも低く、孤独死も自殺者数も女性の倍である。最大の原因は、男性の孤立であろう。日本の男性は、仕事以外の人間関係が極度に乏しく、「世界で一番孤独」とされる。自宅に帰るのがなんとなく憚られる「帰宅恐怖症」や、退職後、奥様にべったりして嫌がられる「濡れ落ち葉族」といった呼称は、中高年男性の居場所のなさの証左である。私はこの男性の孤立問題を、地域社会や家族など私的な人間関係に乏しいことが特徴であると考え、「関係貧困」と呼ぶ。

本書は、これら主としてサラリーマン家庭のはらむ2つの「貧困問題」を検討していく。この国の男性、とりわけサラリーマンには真の意味で仕事以外の人間関係が乏しく、居場所がなく、孤立しがちである。一方、女性には圧倒的に時間がない。しかも、お互いにその事実に気づいていない点もまた悲劇的である。この男女のあいだに横たわる、時空間の深くて暗い溝をサーチライトで照らし出し、共に幸福になるための方法論を提唱できたら幸いである。

「居場所」のない男、「時間」がない女　目次

第2部 時間のない女

第3部　時空の歪みを超えるために

第1部　居場所のない男

第1章　男女の時空間分離がもたらした悲劇

「亭主元気で留守がいい」を検証する

忘れられない光景がある。

その日は小雨が降っていて、気怠い空気が充満していた。私は大学院生で、授業に出るため電車に乗っていた。昼間の空いた車内には人影もまばらで、向かいの席に座った60代くらいとおぼしき女性たちだけが、元気よくおしゃべりに花を咲かせていた。湿気と車内の暖かい空気のせいか、私は図書館から借りてきた本を読みながら、眠気と格闘していた。向かいの女性たちの話題は、もっぱら友人の噂話のようだった。

ふいに、女性の1人が言った。

「あそこの旦那さん、定年直後に亡くなったんですって！」

他の2人が、「んまあー！」と声を上げた。

眠たい空気の中、私は次には当然、「お気の毒に！」が来るものと考えた。だが、次に発せられたのは、以下の言葉だった。

「んまあー！　うらやましい！」

「うらやましい、それ、理想よ！」

「本当、理想的ね！」

眠気が、吹き飛んでしまった。

以下、女性たちの長いおしゃべりの要約は、次のようなものだった。

退職金をもらい、かつ生命保険も現役のときにかけた金額でもらえているはず。なんてうらやましいのかしら。

最近私の夫は、閑職になって帰宅時間が早まった。そのため、気を遣って早めに帰宅して夕食の支度にかからなければならない。本当に、面倒くさい。

夫は休日、どこにも出て行かない。家に一日いられると、本当に邪魔。たまにお友達がきても、「ご主人様」がいると、遠慮して思い切りおしゃべりができない。挙げ句、お友達が帰った後に、「常識がない」などと小言を言われる。もう、本当に嫌。

存在自体が鬱陶しい。家にいるだけでうんざりする。

話が合わない。ご近所でこんなことがあって……とか言っても興味がないし、かといってずっと話しかけないと不機嫌になる。こちらが気を遣って、「お相手」してあげないといけない。

そしてとどめは、

「もう、主人が退職して、一日中家にいられたら……なんて、考えただけでもぞっとするわ！　うちのも、早く死んでくれないかしら？」

「そうそう、退職したらどこそこ連れて行ってやるとか……もういらない、いらない！　一緒にいたくないもの。早く死んでほしいわ。そしたら、肩の荷が下りるから」

「本当ね！　退職直後に死んでくれるのが、一番の家族サービスよね」

三人は、一斉にコロコロ笑った。私は、背筋が寒くなった。

いずれも人品卑しからぬ、どちらかというと「いい会社勤め」の夫をもつ奥様、という風情の方たちである。口調も上品で、おっとりした感じ。もっとがさつではすっぱな話し口調ならば、これほどの破壊力はなかったかもしれない。話題になっている夫の像も、書斎を持っていたり、理屈っぽかったりと、裏返せばそこそこ学もあり、社会的地位の高い男性たちのように思えた。

もちろん、私が目撃した風景は、特殊な人たちの特殊な事例だったのかもしれない。だが「夫がサラリーマン」の専業主婦女性に通底するこの雰囲気を、今までもあちこちで見かけたのを思い出した。考えてみれば、女性用のロッカールームや温泉など、女性は女性だけの空間では忌憚なく本音を語る傾向がある。夫を気にしつつ邪魔に思う言葉には、今まで何度となく出会ってきた。

「亭主元気で留守がいい」

これは、大日本除虫菊株式会社が、タンス用防虫剤「ゴン」のＣＭに使用したコピーである。ＣＭでは、劇団青い鳥出身の木野花と、劇団３〇〇（さんじゅうまる）出身のもたいまさこという、いずれも小劇団出身の個性的な女優が出演したのも、印象深かった。

同コピーは人気を集め、１９８６年の新語・流行語大賞の流行語部門・銅賞を受賞した。防虫剤のＣＭだけに、夫を「普段は目につかないけれど、家族を守ってくれる頼りがいのある存在」と思っているのか、それとも「害虫のように、家にいないほうがいい存在」と思っているのかは、曖昧なままである。

同年、新語部門・表現賞を受賞したのは、作家・林郁の「家庭内離婚」であった。林は83年にテレビでこの言葉を述べ、85年には同タイトルの本も発刊した。すでに内実は破綻しているのに、表面上は婚姻関係を解消せずにいる夫婦……。この語が大きな反響と女性の共感を集めたのは、偶然ではない。

粗大ゴミから主人在宅ストレス症候群まで

男性にとっては不愉快極まりない現象かもしれないが、1980年代は、実に定年退職後の夫を「邪魔者」扱いする妻の俗語であふれていた。

先鞭をつけたのは、評論家・樋口恵子が主婦から聞いたという「粗大ゴミ」である。退職後、家でゴロゴロしているばかりの夫は、場所をとる邪魔者。この俗語は、81年に毎日新聞掲載の樋口の評論で使用され、話題を呼んだ。

85年には、社会学者の上野千鶴子が、定年退職後の男性はすでに粗大ゴミどころか、「産業廃棄物」だと指摘。その後樋口は、退職後に行くところがなく、妻のお稽古事や趣味の場などにべったりついてくる夫を、主婦たちが「濡れた落ち葉」と呼んでいると紹介。この語は「濡れ落葉」として89年に新語・流行語大賞新語部門・表現賞を受賞した。同時期、妻が出かけようとすると、決まって「ワシも行く」と言ってついてくる、「ワシも族」という言葉も生まれた。

これらの言葉は、いずれも樋口のオリジナルではなく、すべて主婦たちの生活実感から生まれたものだという。「辛辣な造語の名人というのは、意外なほど一般の民衆、家庭の主婦などです」[*1]と、樋口は述べる。

その後、心療内科医・黒川順夫は、定年退職後妻がさまざまな体調不良を起こす現象を「主人在宅ストレス症候群」と名付けた。同タイトルの書籍は1993年に発刊され、話題を呼んだ。その後新版が発刊された他、現在も黒川のウェブサイト上では事例が報告されている。*2

たとえば、定年退職後に一日中夫が在宅するようになり、妻が十二指腸潰瘍を発症したケースや、脱サラして自宅に事務所を開設した夫がつねに一緒にいるようになり、妻に不安神経症や不整脈が出るようになったケース。さらに、慢性肝炎を患っていた妻が夫の単身赴任でみるみる良くなったものの、夫の赴任期間が終了して帰ってきたら再び悪化したケースなど、明らかに夫とともにいることそのものが妻の健康を損なっているケースがあげられている。

類似の指摘をしたのは、医学者・石蔵文信である。夫がいることが妻の体調不良につながるケースを「夫源病（ふげんびょう）」と、こちらも衝撃的な名称で呼んだ。「亭主元気で留守がいい」は、これら主婦たちの本音の大海からこぼれ落ちた一滴だったのである。

もちろん、「粗大ゴミ」も「濡れ落葉」も、男性からすれば、不本意だろう。身を粉にして妻子のために働き、ようやく迎えた定年退職である。長年苦労して、ローンを支払い建てたマイホームでくつろいでいて、「粗大ゴミ」扱いとは何たること……と思うのは、しごく当然である。実際、これらの言葉が次々と話題になった80年代当時も、批判や反発は起こった。だが他方、「当事者」である主婦たちからは共感を集めたという。この結婚生活に対する男女の同床異夢は、いったいどこから来るのだろうか。

消費市場の男性嫌悪

男性中心の社会で、男性同士の親密で均質性の高い社会を保持するため、構造的に女性を排除するあり方を「ホモソーシャル」という。そして、このあり方を下支えする論理を「女性嫌悪（ミソジニー）」という。性的対象としての女性を嗜癖する一方で、女性を蔑視し、嫌悪することが特徴である[*3]。

女性蔑視表現については、これまで女性団体などにより、さまざまな抗議活動が行われてきた。その典型例が、１９７５年8月末から放映されたハウス食品「ハウス・シャンメン・しょうゆ味」のＣＭである。

若い女性・少女・少年の3人が映り、女性陣2人が「わたし、つくる人」と言うと、男の子が「ぼく、食べる人」と笑顔で答えるこのＣＭは、「男は仕事、女は家事・育児という性別役割分業をより定着させるもの」と批判され、結局放映中止となった。背景には、70年代半ばの消費社会の成熟化がなしとげられつつあった日本で、企業のイメージや消費者の嗜好性に敏感になってきた企業の姿勢があげられる。

だが、筆者はずっと気になっていることがある。それは、同じくCMの世界で、明らかな「男性嫌悪」的表現が見られるにもかかわらず、表だって批判される傾向が見られない点だ。唯一抗議した男性は、コラムニストで雑誌『広告批評』編集長の天野祐吉くらいであったように思う。

1990年5月18日付の朝日新聞の連載コラム、「私のCMウオッチング」で、天野はこんなことを言っている。

それはそうと、男と女の壁はベルリンの壁より厚い。つい先日も、あるCMがそのことをぼくに教えてくれた。

商品は、日立の分け洗い静御前である。で、そのCMを見ていたら、洗濯機の前に立った可愛い娘さんが、

「パパのソックスは右、私のは左、パパのパンツはぜったい右……」

と、洗い物を二つの洗濯槽に分けている。ナンだこれは、と見ていたら、

「父のパンツと私のランジェリーは一緒に洗わないことを、父は知らない」

と、そのCMが言うではないか。いやはや、きょうのきょうまで、女の人がそ

んなふうに男の洗濯物を〝差別〟しているなんて、ぼくは知らなかったゾ。で、ショックに青ざめたぼくが、「これ、ホント？」とまわりの若い女性たちに聞いたら、みんなキョトンとして、「えっ、そんなことも知らなかったんですか」と言う。女の人たちの間では、そんなことは、とうの昔からジョーシキになっているらしいのだ。

（中略）

家で女房にその話をしていたら、こんどはもっと大きなショックが降ってきた。「娘さんならまだ可愛いけど、世間の奥さんのなかには、亭主のパンツをハシでつまんで洗濯機に入れてる人もいる」というのである。それも、一人や二人ではない。けっこう、そういう人を知っている、というのだ。

こうなると、話はガゼン、すごみをおびてくる。分け洗い静御前のＣＭに、亭主のパンツをハシでつまんでいる奥さんが出てきたりしたら、日本中の茶の間がシーンと静まりかえって、その奥さんの手つきに見入ってしまうんじゃないだろうか。

ヒトゴトではない。ぼくもこんど、女房が洗濯しているところを、そっとのぞいてみることにしよう。

私の記憶が定かならば、その後天野は、夫のパンツを割り箸でつまんで洗濯機に入れている妻を、「パンハシ妻」と呼び、事態はさらに今でいうところの「炎上」気味になっていたような……。そして、素朴な疑問もわきあがった。なぜ、女性はパンツも素手で触れないような相手と、一緒に暮らせるのか？　と。

結論からいえば、暮らせる理由はただ一つ。普段、夫は家にいないからだ。普段不在で一次的接触が不足しているから夫の身体性を感じる下着を触れないのか、それとも、下着を触れないほど嫌な相手でも、昼間家にいないからなんとか結婚生活を継続できているのか。卵が先か、鶏が先か分からないが、ともかく夫が思う以上に、妻は夫の身体性に対して嫌悪感があるようだ。

類似の点で、気になっているのは、消臭剤「ファブリーズ」（P&G）のCMである。1999年より発売されたスプレー式消臭剤で、近年は置き型も発売されているが、2008年の「インテリアのナガシマ」を経営する自営業夫婦という設定で、寺島進と坂井真紀が起用された。この時点で悪夢にうなされて寝汗をかく夫にファブリーズを使用する妻の構図があったが、まだ夫への嫌悪感はそれほど露骨ではなかった。より過激に「夫の臭さ」が強調されるようになったのは、「平成家族」篇のころからである。ピエール瀧扮する夫を、西田尚美扮する妻が「加齢臭」などと臭がる描写が特徴だ。その後、妻は夫だけではなく息子も臭がったり、その臭さの描写も大仰になったり……と、近年はどんどん過激になり、それを緩和するためか、熱血スポーツマンキャラの松岡修造を夫役に起用している。

個人的には、夫を過剰に臭がる描写は男性差別的で好ましいとは思えないが、果たして多くの女性は夫の臭いをそんなに気にしているのだろうか。気になって調べてみたところ、たとえば、消費者動向調査会社による「妻が夫の『スキンケア』について不満なところ」は、第1位は加齢臭や脂臭で、妻の4割が気になると回答。第2位は汗やワキ、足の臭いで、3割弱の妻が気にしていた。その後薄毛、乾燥肌と続く。[*4] つまり、妻は夫の頭髪が薄くなることなどよりも、体臭がずっと気になるというのである。

CMは、ある意味日本の夫婦のリアルな側面を表している。2008年版の「自営業者でずっと一緒にいる夫婦」よりも、2009年以降のサラリーマン（らしき）夫のほうが、「外部から来た異物」とみなされやすい……というのも、真に迫った話ではある。

男女の空間分離を検証する

都市周辺地域に住む男女は、日常的に占める空間が分け隔てられている。たとえば、東京都市圏における１日あたりの移動を測るパーソントリップは男女で大きく異なっており、２０１０年現在、未婚率・就労率ともに高い20代後半では、総移動に占める「自宅—通勤」（往路）は男性31％、女性26％とあまり差がないが、30代前半では男性29％に対し女性18％、女性が出産や育児のため離職し、労働力率がもっとも低くなる30代後半では、男性29％、女性15％と男性の半分になってしまう。その後も男性は、40代から50代まで27～29％弱で推移するのに対し、女性は15～19％と男性より低いままである。

これに対し、「自宅—私事」は、男性は20代後半～50代まで一貫して５～６％だが、これに対し女性は20代後半で11％、30代前半で19％、同後半23％、40～50代まで、19～22％の間で推移している。[*5] 都市郊外地域での既婚男女のパーソントリップを比較すると、女性の平均通勤時間は26・４分なのに対し、男性は約71・１分と３倍近くになるとの報告もある。[*6] 要するに、女性と男性では日常的な生活時空間が大幅に異なっているのである。これは、大幅な「時空間収支の差」を生み、結果として相互の日常的なすれ違いや、生活意識格差にもつながる。

「男女七歳にして席を同じうせず」とは、古代中国の『礼記』にある教えだが、21世紀の日本では、「男女30代から50代までは居場所を同じうせず」であろうか。

ともあれ、日常生活時空間の分離は、ときに過剰ともいえる「男性排除」を生む。だがそれは、「既婚男性」という社会的属性があれば、多少なりとも日常的に家族に邪険にされようとも、基本的な地位はゆらがない。だが、「いい歳をした」男性が未婚の場合、周囲の見る目はどうだろうか。

地理学者の村田陽平は、中年未婚男性の居場所のなさについても検証している。[*7] そこにあげられる事例は、職場や居住地域で奇異の目で見られる、地域の集会など女性が多い場では居心地が悪い、マンションの管理人に嫌な顔をされる……といった不快な体験である。

これまで日本社会では、各種メディアをはじめ未婚女性の寄る辺のなさについては様々な観点から取り上げられてきたが、中年未婚男性の疎外感についてあまり検証が加えられてはこなかった。

また、基本的に「女性と子ども」のための生活空間である郊外地域で、中年男性は居場所が乏しい。筆者の知人には、著述業や研究者のように比較的昼間の時間家にいることが多く、服装もラフな職業の男性が多いのだが、やはり不審者扱いの視線を気にする人も多い。「公園などで母親と子どもの集団がいたら、できるだけ離れて座るようにしている」「幼稚園や小学校の周囲に近づかないようにしている」「道を聞くときは、女性や子どもは避ける」等々、涙ぐましい努力を聞かされることもある。

基本的に職場が居場所とされる年齢層の男性が、「昼間から」「ぶらぶらしている」という事実は、「犯罪」を予期させるとされ、ときに「事案」として警察の通報情報に掲載されることもある。

これは決して大仰な話ではなく、「男」「事案発生」で検索をかければ、無数にヒットするのでご興味のある方は試してみていただきたい。その「事案」の中身は、「男が、下校中の女子生徒に対し「駅はどちらですか」と声を掛けた」「登校途中の女子児童が、見知らぬ男とすれ違う際に「ニヤッ」と微笑まれるという事案が発生」「路上において、歩きの男が女子小学生に対し「おはよう」等と声をかける事案が発生」「小学生児童7人が遊んでいたところ、徒歩で近づいて来た男が、「こんな所で遊んでいたらあかん」と声をかけた」「女子高校生3人が電車を待っていたところ、不審な男が立っていた」等となっている。

道を聞いたり、微笑んだり、挨拶したり、危ないところで遊んでいるのを注意したり、ついには立っているだけで不審者として通報されるとは……。もちろん、深刻ないのか。

被害情報の中に紛れている程度なのだが、この「男性危険視」は少々行き過ぎではな

何か事件が起きてからではまずい、と先回りして「犯罪予備軍」を見張ろうとする意識は、『マイノリティ・リポート』(2002年、アメリカ映画)のようである。トム・クルーズ主演のこの映画は、将来的に犯罪を起こすと探知された者が犯罪を起こす前に逮捕されて行くのだが、日本で日々量産される「事案」は、精度に問題がありそうだ。

村田は、この男性が排除されるあり方について、次のように述べている。

中年シングル男性が「既婚者である」という男性性のひとつを備えていないために多くの空間で不利益を被るように、男性優位の空間のあり方が必ずしも男性全体に平等に利益をもたらすものではない。男性は、その性別故に空間において特権的に存在できる機会が多い一方、必然的にその競争に組み込まれ、覇権的な男性性を獲得できない場合には中年シングル男性のように疎外の対象になり得る。また、彼らを疎外する主体は、その語りの中で散見されたように、男性のみならず女性も含まれる。女性はジェンダー化された空間において、抑圧される立場に

なることが多いが、婚姻関係の有無で男性を差別化する場合には、中年シングル男性にとって抑圧的立場にもなり得る。このように、中年シングル男性を疎外するジェンダーがささえた空間は、「両性」を取り込んで男性性の覇権的形態を再生産しているといえる。[*8]

地域社会の、男性疎外。

今まであまり光が当てられてこなかった分野である。

「覇権的男性性」が男性自身をも苦しめる

村田が指摘した「覇権的男性性（ヘゲモニック・マスキュリニティー）」とは、社会学者のR・W・コンネルの術語であり、『マスキュリニティーズ（男性性）』（1995年）等の論文で提示された概念である。[*9] これは、簡単にいえばその社会の中で主流とされる男性性を意味する。覇権的男性性は、正統な男性性のあり方を脅かす「従属的男性性」の価値を貶めることによって構築される。

「従属的男性性」とは、たとえばゲイの男性や、軟弱な男性などが代表的だとコンネルは指摘するが、大枠では既婚者に対する未婚者、仕事で成功した男性と成功していない男性など、社会の中で「非主流の男性」とされる対象といえる。

「覇権的男性性」を作り上げ、「従属的男性性」を貶めるのは男性だけに限らず、むしろ女性によっても積極的になされていく。この、覇権的男性性に荷担する女性は、覇権的男性性を賞賛し、進んで従属的な立場に立つ日常行動をとる。これを、コンネルは「誇張された女性性」とよぶ。

女性による従属的男性性の貶めは、ときに同性によるもの以上に個々の男性を傷つけ、反作用として過剰な「女性嫌悪」を引き起こすことがある。この典型例に、2008年6月に起こった「秋葉原無差別殺傷事件」の犯人、加藤智大の言葉があげられる。彼が書き残したとされる携帯サイトには、執拗なまでに「彼女がいない自分」への憐憫や、楽しげに見える女性たちへの恨みつらみが書き込まれていたのは印象的であった。

いや、加藤ほどの憎悪は覚えなくとも、「お金持ち」「社会的地位の高い」「一流企業勤め」「イケメン」等々、社会的資源に恵まれた男性にすり寄る女性に対し、嫌悪感を覚える男性は多いだろう。それは彼女たちの行為が、社会の中で優位な位置を占める男性を賞賛することで、覇権的男性性強化のための共犯関係を築くからだ。これは、相対的に社会的資源に恵まれない男性を、より貶めることにつながってしまう。

このように、女性のみならず男性をも苦しめる覇権的男性性だが、好ましくない男性像を貶める（＝従属的男性性の表現）という意味で、「粗大ゴミ夫」や「臭い夫」は実に日本的な描写といえる。

既婚で会社員の男性とは、未婚や非正規雇用者に比べ属性は優位だが、「実は尊重されていない」という事実は、本音と建前の間に大きな隔たりがある日本社会の一側面を表している。妻が心の中ではゴミ扱いしながらも、退職後にすぐ死んでほしいと思いながらも、生活が保障されている限り離婚に踏み切らずにいる日本の夫婦像は、海外からはしばしば奇異な目で見られてきた。

夫婦愛は建前の世界だが、消費市場は本音の世界である。だから、あえて言えばCMは本音に訴えかけるべく、男性嫌悪表現を過剰に取り入れるのではないのか。そしておそらく、これに対し批判する男性を、日本型覇権的男性性は、「男らしくない」と断罪するのではないのか。

「男は黙ってサッポロビール」のキャッチコピーがテレビ画面に躍ったのは、高度成長期後期の1970年である。船上でビールを飲む三船敏郎の男らしいたたずまいが印象的なCMであった。その後半世紀を経て、依然日本の男性は、多少の揶揄表現くらいは、黙って受け流すような「男らしい器の大きさ」が、暗黙の内に要請されているのではないか。

今なお、「男らしい男性」とは、たとえば明石家さんまのようにべらべらしゃべるタイプではなく、先ごろ亡くなった高倉健のように「不器用ですから」とコートの襟を立てて余計なことは言わないようなタイプであろう。実際の高倉健は、おしゃべりな人だったと聞くが……。

閑話休題。

さて男性はなぜ、ファブリーズの夫を露骨に臭がるようなCMに対し、「男性差別」と表だって怒らないのか。これはおそらく、「不快を表明したものが当事者性を負わされる」事態を恐れてのことであろう。覇権的男性性は、実のところ確固たる規定があるわけではない。何をもってその社会の主流の男性性とするかは、実は時代や社会構造、文化基調によって異なっている。その不安定さゆえに、つねに従属的男性性を排除し再生産する必要があるのだ。

妻に帰宅直後、消臭剤をかけられる夫は、とても「権威ある立派な父」には見えない。それゆえ、相対的に劣位の男性像としてみなされる。したがって、これに不快感を表明すること（＝自分への批判とみなすこと）は、男性にとって自らの劣位を暴露する行為となる。これは、女性が「ミスコン反対」を述べると、「ブスの僻み」と嘲笑されてしまう構図と非常によく似ている。

消費社会が成熟を見せ始めた1980年代以降、社会の争点は「正しさ」から「望ましさ」をめぐる闘争へと主戦場を移したように見える。不当なものを批判することはできても、快不快をめぐる問題と完全に決別できる人間は少ない。それは、美しさ、快適さ、望ましさなど、人間が生活していくにあたって切り離すことが難しい幸福感と結びついているからだ。

80年代は、まさにこの「望ましさ」をめぐる闘争が社会を席巻していった時代である。さざ波のように漏れ聞こえてきた既婚女性たちの夫を疎む「声」は、いつしかうねりをあげて流行語に受肉し、CMに映し出され、目に見える形をとった。人間の感情を、完全に圧殺することはできない。夫を鬱陶しがる主婦たちが発した流行語や現象の数々は、彼女たちが日常的に抱えている鬱屈の、ガス抜きの呪文だ。臭がられる夫役男性は、女性たちのスケープゴートである。

鬱屈の最大の要因は、女性たちが自分で自分の人生や生活を、コントロールする手段に乏しい点に求められよう。実際、主婦の仕事とは、家族のために体を空けておくことに眼目がある。主体的に何かをすること以上に、誰かのために家や地域にとどまっていることこそが、主たる業務だ。

24時間誰かの「ため」に時間を差し出すことが求められている既婚女性たちの、唯一の「休憩時間」は、家族がいない時間である。夫が職場に行っているときや子どもたちが学校などに行っているときしか、休むことはできない。第2部で詳しく述べるが、既婚男性は、妻が外で働いていてもいなくても、家事の時間はそれほど変わらない。つまり夫の在宅は妻の家事の助けにならないどころか、夫の在宅時間は妻のケアワーク時間ということになる。

「亭主元気で留守がいい」は、つかの間の休憩時間がもっと長ければいいのに……と願う女性たちの本音だ。それは月曜日の朝、会社に行く身支度をしながら、「今日も休みだったらいいのに」とぼやくサラリーマンのそれと似た感情である。

だが、世間一般の「感情」は、会社員が「会社を休みたい」と愚痴をこぼすことは容認できても、妻が夫を邪魔に思う本音には拒否反応を示す。なぜなら、それは家族愛や夫婦愛の物語を解体してしまうからだ。

「妻に甘える男性像」は戦後の発明品

戦後家制度が解体し、日本国憲法は、「婚姻は、両性の合意のみに基づいて成立」すると明記した。合意を可能とするのは、両者の愛情である。近代家族は、家制度維持から、愛情へとその紐帯の根拠を移した。この現象は、洋の東西を問わず近代化とそれにともなう民主化・産業化の影響によって引き起こされている。

たとえば、近代化とともに家族の紐帯が、家父長制度から成員間の愛情へと移行したことを、社会学者のアーネスト・ワトソン・バージェスとハーベイ・J・ロックは共著『家族　制度から友愛へ』（1945年）の中で論じた。

また、家事専従者としての「主婦」研究の草分け、アン・オークレーは、主著『主婦の誕生』（1974年）の中で、19世紀に「女性＝情緒的存在＝愛情表現としての家事労働」という図式が定着したと論じた。これは、女性たち自身の幸福感とも合致していたがゆえに一般に浸透した。主婦になることの良い点は、次のようなものである。①家庭外でつらい労働をしなくても済む。②本来情緒的な存在であるとされた女性の天職とされた。③専業主婦になれることが中産階級に上昇した「シンボル」。④理想化された「恋愛結婚」と専業主婦の理念が合致。

たしかに、賃労働は工場労働など第二次産業が中心であった時代、力仕事などの重労働からの解放は大きな朗報だっただろう。だが、②から④は、そのような現実的な利点というよりは、近代化の中で人為的に作られた幸福感と表裏一体の関係にあり、いわば「幻想」である。また、最大の問題は、伝統社会から近代社会へと移行し、旧来の家父長制が衰退してなお、世帯主としての男性しか「個人」として扱われない事実が正当化された点にある。

家族と愛情の関係再編について論じたのは、エドワード・ショーターである。彼は、近代化の最中生まれた「近代家族」の①求愛関係、②母子関係、③家族と共同体のあいだの境界線、以上3点の変化を「感情革命」と呼んだ。産業革命や市民革命を経て、政治経済が変革されゆく最中、新しく登場した近代家族は、新たな人間の感情のあり方を要請したのである。

近年では、ブレア政権のブレーンを務めたこともある社会学者のアンソニー・ギデンズが、近代化以降の理想化された愛情関係を「純粋な関係性（親密性）」と呼び、分析している。彼は、①男女の異性愛を前提、②排他的（オンリーワン）、③永続的（フォーエバー）の3点を軸に夫婦の愛情関係について論じている。たった1人の異性を生涯愛し続けること、つまり「ロマンチック・ラブ」と呼ばれるイデオロギーは、まさしく、キリスト教式結婚式の時に神前で誓う言葉そのままである。これは18世紀以降広まった「本質的に女性化された愛情」であり、恋愛結婚や、家庭、母性といった概念と結びついているという。一方、日本ではそもそも、近代化やそれにともなう近代家族敷衍の過程においても、西欧的な個人同士の「親密な関係性」が醸成されてはこなかった。夫婦関係を構築する際も、女性は個人として男性と向き合う過程を経ず、「家の娘」から「家の嫁」役割へと移行するのみであった。

戦後家制度から脱却し、民主家族制に合致したパートナーシップが模索された結果、それは既存の家族関係へと収斂していった。ひとことでいえば、戦前は「夫に娘のように従順に使える嫁」が理想とされたが、戦後は「母のように男性を甘えさせる妻」が称揚されるようになったのである。

たとえば、女性のオピニオン誌である『婦人公論』では、1950年代から70年代にかけ、しきりに「女性に甘える男性像」が描かれたと中尾香は指摘する。[*10] 実際、同誌上では、錚々たる男性知識人や文士たちが、異口同音に「女性は男の甘えを容認すべし」と主張している。

たとえば、「母なる大地の広く巨きな抱擁力は、男という大きな子どもを、それとは気づかせないで、あやし、まるめこみ、頭を撫で、飴をしゃぶらせ、手玉にとった」（田中千禾夫、1955年9月号）。「男はまず母親に甘え、姉妹に甘え、そして結婚すれば妻に甘える。男が女に求める最大のものは、どのような自分をも、大きく包んでくれる海のような広くて深い愛情である。男が女の存在に常々感謝しているのは、このような没我的な愛情は女にしか求めることができないからである。これは恥ずべきことであろうか」(河盛好蔵、1956年7月号)といった論調が典型的である。

この河盛の発言が反語で終わっているのは、女性読者への同意を半ば懇願しているようにも読める。また、伊藤整は典型的な男性の欠点容認＝甘え肯定論を展開した。「男はそれぞれ、だらしないとか、ホラフキとか、ケチンボとかいう癖を発揮しながらその特色を伸ばして仕事をするのです。その癖を厳しくおさえて、理想的な家庭的男性に作り直すと、男は力を失ってだめになります」(伊藤整、1966年4月号)。そして、そんな夫の欠点を把握しつつ、妻たるものは「他人の前でうまく言いつくろうのが、奥様の才能というものではないでしょうか」と述べている。

女性の側からも、いわゆる「企業戦士」「猛烈サラリーマン」として経済成長に邁進する男性たちを喜んでケアする妻像が称揚された。「女性はお母さんみたいに偉いのだから、育んであげてもいいではありませんか」「怒りっぽい男性、威張る男性、これがみんな弱いことの見本です」(三宅艶子、1958年7月号「付録」)。このエッセイのタイトルは「男性飼育法」と、女性を「上から目線」にさせるべく書かれたともいえる。

だが実態を想像するに、「女性に威張り散らす男」とは、封建的な男尊女卑思想をもつ高圧的な男性にほかならない。その態度を、女性の方で「弱さ」とあえて読み替えて受容すべしというのは、プライドを保持しつつ諦念せよとの示唆にもとれる。

背景には、戦後教育水準も向上し時間と教養も獲得した日本女性たちだが、一生経済的自立を得るほどに就業継続し得る職場は乏しく、実質的に男性とのパートナーシップを通じた以外の社会参加の道は乏しかったことがあげられる。民主化と矛盾せずに男性の優位性を確保し、同時に女性たちの不満を和らげ、自主的に男性のケアをさせるためには、このような「同床異夢装置」が必要であったに違いない。女性の「美しさ」「望ましさ」が過度に称揚されるとき、このような社会矛盾が内包されている点には注意が必要である。

さてこの時期、上述したように盛んに「甘えさせる妻」の包容力が美化されたのは、多くの男性を敗戦トラウマから癒す必要に迫られたからであろう。このことを示唆するのは、次の意見である。「母が妻にかわっても、男が家庭に求めるのは、そういうやさしさなのだ。男の一生は敗北と恥辱の歴史なので、家庭で心の傷をなおさないと、仕事に立ちむかう勇気が出てこないのである」(三浦朱門、１９６６年9月号)。

むろんこの場合の敗北と恥辱とは、直接的には日常的な仕事上の軋轢や葛藤を意味すると解釈できる。だが戦後、敗戦国としての汚辱をすすぎ、経済成長に邁進するためには、多くの男性企業戦士たちは、皮肉にも経済活動の必要上、自らが敗北した当の戦勝国への媚びへつらいをも必要とされたことは想像に難くない。

「家族の愛情」を検証する

日本の男性は、社会全体が巨大なトラウマを抱えると、女性への甘えと癒しを要請するところがある。これは敗戦という巨大なトラウマに限らない。明治維新後の近代化にともなう過剰な少女の賞玩欲望も、見方を変えれば支配可能な年少女性への安全な欲望の発露ともいえる。

戦後の敗戦トラウマは母性賛美を生んだが、バブル崩壊後の景気低迷がいよいよ本格化した90年代半ばには、母胎回帰がモチーフとなったアニメ「新世紀　エヴァンゲリオン」が単なるアニメ作品のヒットを超え社会現象となった。同時期タレントの飯島直子以下、「癒し系アイドル」も流行し、母性と癒しへの憧憬が見られた。

私見では、男性が個人的に女性に癒しや甘えを求めること自体は問題ではない。そのような癒しこそが女性の本質的特性とされ、その結果女性個々人の個性が剝奪され、公的・私的領域を問わず男性と女性が共在する場で、暗黙の了解として期待されてしまうことが問題なのである。これはたとえば現代でも、職場における女性の「職場の潤滑油」役割期待などの源泉となっている。

以上見てきたように、今日誰もが当たり前に思う「家族の愛情」は、実は近代社会の発明物なのである。その過程で、女性は愛情深く家族の感情を発露させる役割が求められるようになった。つまり、家族は愛情を基盤とするものとされ、その愛情の源泉は妻であり母である女性の責任となった。それゆえ、女性が家族に愛情を持ち得ないことは主要任務の放棄であり、女性としての資質が疑われる……というようになった歴史はそれほど長くはない。

愛情を含めた人間の感情とは本来不確かで、時間の経過とともに変化するものでもある。また、家族成員のあり方も、新婚の時期から子どもが生まれて間もない乳幼児期、学童期、思春期を経てやがて自立して離家してまた夫婦に戻った時期と、それぞれにライフステージは異なる。条件の変化が必然であるにもかかわらず、愛情が永久不変と前提するのは、矛盾ではないのか。

けれども、女性は「愛情の責任」から逃れられない。相手の感情を良好に保つ「スキル」を身につけ、つねに自らの感情をコントロールしていくことが要求される。この主として女性に課せられがちな労働を、社会学者のアーリー・ラッセル・ホックシールドは、「感情労働」と呼んだ。

感情労働は、実に多くの女性が職場でも家庭でも期待される労働であり、しかも通常労働とみなされない労働である。それゆえ本音を語ることは、女性にとってこの感情労働の放棄であり、一時の解放なのだ。私はこの感覚をよく表すものとして、詩人・茨木のり子の「王様の耳」という作品を思い出す。

皆としゃべっているうちに
男たちのだんだん白けてゆくのがわかった
ある田舎での法事の席
気付けば満座は男ばかり
私一人が女であって
なにをか論じていたのであった
女たちは大きな台所で忙しく立ち働いている
私もちょこまかしなくちゃならないわけなんだが
船頭多くして舟すすまずのありさまだから
悠悠の男たちのほうにまじっていたのだ
とりたてて生意気の論　ぶった覚えもないのだが

家父長連のこの尊大さのポーズはどうであろう
彼らの耳はロバの耳
見渡せば結構若いロバもいた
（驢馬よ　ゆるせ　これは比喩
　おまえたちの聴覚ははるかに素敵だろうと思うよ）

女たちは本音を折りたたむ
扇を閉じるように
行きどころのない言葉は　からだのなかで跋扈跳梁
うらはらなことのみ言い暮し
祇園の舞妓のように馬鹿づくことだけが愛される
老女になって　能力ある者だけが
折りたたんだ扇をようやくひらくことを許されるのだ
（中略）
女の言葉が鋭すぎても
直截すぎても

支離滅裂であろうとも
それをまともに受けとめられない男は
まったく駄目だ　すべてにおいて
そうなんだ

（『人名詩集』２００２年、童話屋より、一部抜粋）

死ぬまで感情の扇をひらかない女は、おそらく当世風にいえば「プロ彼女」[*11]の類だろうか。だが私見では、これは極めてうそ寒い家庭生活風景である。妻が体調不良になるほどのストレスを感じたり、本音では「早く死んでほしい」と思いながら、それを完璧に隠して夫の身の回りの世話をするような日常は、ホラー映画以上に恐ろしい。

一方、これも個人的な感慨だが、多くの男性は、この女の本音に対し驚くほど鈍感に見える。ある意味、男性が見たくないものを見ずに済み、表面上「健全」であるための知恵かもしれない。残念ながら多くの男性は、本音をぶつけてくる女性よりも、本音を上手く隠して「馬鹿づく」女性を恋愛や結婚のパートナーとして選びがちであるように見える。

だがこの鈍感さは、ときとして男性の人生に致命的な脆弱さを招く恐れもある。次章ではまずこの問題から検証していきたい。

＊1 樋口恵子「中高年男女が共に参画できる社会」内閣府、平成14年度高齢社会研究セミナー「中高年の社会参加を実現するためには」2003年1月17日。http://www8.cao.go.jp/kourei/kou-kei/14semminer/s_kouen02.htm

＊2 黒川順夫の心療内科 http://www1.odn.ne.jp/kurokawa/kaltemenu.htm

＊3 この「女性嫌悪」の構造については、上野千鶴子『女ぎらい ニッポンのミソジニー』（2010年、紀伊國屋書店）が詳しい。

＊4 ソフトブレーン・フィールド、対象は20～60代以上の夫を持つ既婚女性1156名（回答者平均年齢44歳）「統計ウォッチ」サイトより。http://toukei-watch.com/life/131.html

＊5 東京都市圏交通計画協議会、2012年1月「第5回 パーソントリップ調査からみた東京都市圏の都市交通に関する課題と方向性」。http://www.tokyo-pt.JP/static/hp/file/publicity/pt_120201.pdf

＊6 川瀬正樹、1997年「世帯のライフステージから見た千葉県柏市における既婚女性の通勤行動の変化」『地理学評論』A70―11、699―723頁。

＊7 村田陽平、2009年『空間の男性学 ジェンダー地理学の再構築』京都大学学術出版会。

＊8 村田、前掲書、89頁。

＊9 著者は、同書執筆時の氏名はロバート・ウィリアム・コンネルであったが、性転換し現在はレイウィン・コンネルを名乗っている。混乱を避けるため、ファーストネームはイニシャル表記とする。

＊10　中尾香、２００９年『〈進歩的主婦〉を生きる　戦後『婦人公論』のエスノグラフィー』作品社。

＊11　漫画家の久保ミツロウとエッセイストの能町みね子がラジオ番組で語った、容姿端麗で性格も完璧な「非の打ち所がない彼女界のトップ」という意味の言葉。女性誌などで、肯定的にとらえられ、プロ彼女を目指してレベルの高い男性と結婚しよう……などという特集で使用されている。これに対し能町は「私はこの単語を褒め言葉として広める気はない」、「皮肉な言葉が褒め言葉として使われているのが悔しい」、「これでは私の生み出した言葉が古すぎる価値観の女を再生産することになってしまう」と否定的である点に注意が必要だ（能町みね子「言葉尻とらえ隊」『週刊文春』２０１５年3月26日号、１２９頁）。

第2章 「弱音を吐けない」という男性問題

「愛情ビジネス」に弱い男性

女性の感情や本音に鈍感な男性が犠牲者となった極端な事例として、ここ数年起こった2つの事件を素描してみたい。それは、2009年に発覚した「首都圏連続不審死事件」と、2014年に発覚した「京都青酸カリ殺人事件」である。

前者の容疑者・木嶋佳苗は複数の男性から大金を受け取り、その総額は1億円以上になるという。さらに周囲では、少なくとも起訴されただけで3人の男性が不審死を遂げている。彼女は逮捕当時年齢も34歳と若くもなく、また見かけも年相応。多くの女性が、「不美人の小太りなおばさん」が、これほどまでに男たちを魅了し金を引っ張ったことに驚愕を覚えただろう。

なぜ、それが可能であったのか。鍵は、「愛情」にある。木嶋は男性への愛情表現を、完璧に「ビジネス・スキル」として駆使し得たからこそ、これほどの犯罪を可能としたのだろう。私見では、木嶋は多くの女性が拘泥する、「女の幸せ」など最初から相手にしてはいなかった。それゆえ逆説的に、「最強／最凶の女」となった。それが最も表れているのは「食」への執着である。

女性にとって、ダイエットと勉強はよく似ている。前者は体重、後者は偏差値と、努力の結果が数値に反映される。そして、それらは社会的価値を有するものである。痩せた美しい容姿と高い学歴。この2つは、女性が社会の中で戦うために必要な武器だ。だが皮肉なことに、男に好まれる美しい容姿や、社会の中で高い位置を約束するはずの学歴獲得も、結局のところ「男の決めた社会のルール」を内面化する行為でもある。

一方木嶋は、「私の幸せ」にしか興味がなかった。だからこそ、自身の高卒の学歴も、不明瞭な職歴も、彼女のプライドを決して損なうことはなかったのだろう。自分の主戦場がそこにないことを、子どものころから知っていたのかもしれない。

ただ、あらゆる社会的資源を相手にしない木嶋に決定的に欠落していたもの、それが経済力である。消費社会への獰猛なまでの耽溺は、多くの金を要するものであった。むろん、彼女のアイデンティティーである「セレブな私」もそこに源泉をもつ。それゆえ、彼女は自らの価値に見合った量の金を、しごく当然の対価として男に要求した。

交換されるのは、分かりやすい「癒やし」である。「料理上手」「聞き上手」「家庭的」……これらを被害者の男性たちは絶賛した。ある被害者は、木嶋が何も言わなくてもお茶を出してくれるのに感激した、と言う。靴下を履かせてもらった男性もいた。何もそこまで……と思うか、あるいは「当然の尽くし方」と思うかは、おそらく世代間ギャップが大きいだろう。

そういえば、かつて三島由紀夫は、日本旅館では仲居がべたべた自分の身体に触り、浴衣を着せつけてくれるのに閉口している、とぼやいていたことがあった。女性嫌いな三島はこの日本的慣習に忌避感があったが、私は三島以外にこのような慣習をとりたてて嫌う日本の男性文筆家を知らない。このことは、多くの昭和の男性たちが過剰な「女性による身の回りのお世話」を、とくに疑問視していなかったことの証左かもしれない。

さて、木嶋は婚活サイトで相手の男性に「40代以上希望」を標榜していたが、これは実に的を射た作戦である。心理学者の小倉千加子は、結婚を「金と顔の交換」と論じたが、それは真理の半面にすぎないように思う。むしろ多くの男性、とりわけ中高年層にとって、結婚とは「金と安らぎの交換」ではないのか。これは繰り返し述べてきたように、戦後の民主化と核家族化により作られた「妻による癒やし」を、当然視するイデオロギーに依っている。したがって、昭和的価値観にそれほど共鳴しない30代より下の男性には、あまり通用しない。

翻って見れば、この国の男たちの感情は、今なお高所得男性狙いの「セレブ妻志望者」にも、キャリア志向の「女性の社会進出」にも、一様に厳しい。だが本当に恐ろしいのは、それら社会的意味や価値を相手にしない女であろう。木嶋佳苗は、「癒やし系イデオロギー」の仇花であった。もちろんこの婚活市場での出会いは、昭和的価値観に縛られた男性にも不幸な結果をもたらした。

その後木嶋被告には、２０１２年４月にさいたま地方裁判所で死刑判決が下った。木嶋側は控訴したが、第二審の東京高等裁判所も、第一審の死刑判決を支持。14年３月12日に木嶋側の控訴を棄却する判決を言い渡した。木嶋側はこれを不服として即日上告している。

では、「京都青酸カリ殺人事件」はどうだろうか。本件は、京都府向日市に住む筧千佐子容疑者（67歳）が、再婚したばかりの夫（当時75歳）に青酸化合物を服用させて殺害したとして、２０１４年12月に京都地検に殺人罪で起訴されたのが、始まりであった。

さらに大阪府警によって、筧容疑者は２０１２年３月、内縁関係だった貝塚市の本田正徳さん（当時71歳）に青酸化合物を飲ませ、バイクで走行中に青酸中毒に陥らせて殺害したとして2015年1月に再逮捕された。死亡当時、本田さんは病死と判断されたが、千佐子容疑者の夫の不審死をきっかけに保存血液を調べたところ、青酸化合物が検出された。

4度の結婚歴がある筧容疑者の周囲では、夫や内縁関係にあった高齢男性たちが、併せて6名も不審死を遂げ、彼女が相続した遺産は、約8億円ともされる。

実は本事件は、発覚より数カ月前に発表された黒川博行のミステリ小説『後妻業』にそっくりだと話題になった。この言葉は、以前から弁護士などの間では使われてきたという。事件とまったく同じように、結婚相手紹介所を経営するヤクザと高齢女性が手を組んで、孤独な金持ちの高齢男性を次々と毒牙にかけていく物語である。

物語では、69歳の小夜子という女性が、「元看護師」で介護施設に勤務した経験もあるという触れ込みで、後妻業を行う。結婚相手は91歳の高齢者で、人生最後の癒しを求めての結婚だ。結婚相手紹介所のオーナーで、小夜子の後妻業パートナーである柏木は、高齢男性から遺産を巻き上げることに全く良心の呵責を感じていない。むしろ、残り人生の短い高齢男性に夢を見せて、幸せにしてやっているとすら考えている。だが、不審に思った被害者の娘たちの働きもあり、やがて彼らの悪行が露わになって行くのだが……。

もっとも、現実の京都青酸カリ殺人事件では、筧容疑者は決して子どものいる老人を結婚相手には選ばなかったという。事実は小説より奇なりというが、現実の犯罪者のほうが、小説よりも狡猾ということかもしれない。

男性は同性に弱音を吐けない

男性が孤独、という指摘には反論もあるだろう。実際、街中を見れば、おじさん同士仲良く居酒屋で飲んでいる。スポーツ競技場の観客席でレプリカ・ユニフォームを着て盛り上がっているのも男性が多い。「男の友情」は、小説や映画の一大テーマだ。だがあえていえば、それは社会に比較的上手く適応できている男性同士にのみ成立する関係のように見える。男性は、仕事が上手く行っているときに気軽に一緒に飲みに行ったり、ゴルフで競ったりできる相手に対し、失業や病気、家族の介護などに直面したときに、相談ができるだろうか。

たとえば、近年では老親の介護を抱え込む男性は増加している。かつて家族介護といえば、要介護高齢者から見て「娘」や「嫁」にあたる人が主たる介護者になるのが一般的であり、現在でも担い手は女性の方が圧倒的に多い。だが近年、「息子」による介護の従事者も急増している。

社会心理学研究者の平山亮は、この「息子介護」について詳細に検証し、介護時間が「ほとんど終日」である同居の主介護者のうち息子の占める割合は12・0％（2010年数字）で、過去30年間で6倍弱に増えたと指摘している。[*1] これは、男性の生涯未婚率の急増により、「未婚のまま老親の介護を担う男性」や、兄弟数の減少などにより、「妻も実家の介護に手一杯」で男性も実父母の介護を担う必要に迫られるようになったことに起因する。

平山は、実際にこの「息子介護」を担うようになった男性への聞き取り調査を通じ、相談相手として同性の友人は「頼りにならない」「話す気にならない」一方で、異性の友人が相談相手として頼りになる点を明らかにした。これには、同性友人に対しては強がって言えない悩みも、異性の友人には助けを求められる、具体的な介護の方法について役立つ知識をもらえる……等の理由があげられている。

興味深い指摘は、男性は介護を抱える生活をしながら同性の友人と接触すると、「失ったものを突き付けられる」つらさを味わう、だから話したくないどころか、できるだけ接触したくないという事実が浮き彫りになった点である。実際、息子介護者のなかには、介護のために職業キャリアや人生設計を変えざるを得なくなった人が少なくない。そのことは、就業中心の規範的な男性像からの転落をも意味する。

たとえば、2014年11月に明治安田生活福祉研究所とダイヤ高齢社会研究財団が発表した介護離職による調査結果によると、正社員から介護理由で離職した40歳以上の男女のうち、転職後も正社員で働き続けている男性は3人に1人、女性は5人に1人となっている。また転職前後の年収は、男性平均556万円から341万円へと約4割減、女性で350万円から175万円へと半減している。[*2]

日本の男性は、職場では基本的に「ケアワークは妻に丸投げ」型の働き方が求められるため、介護などケア負担を抱え込むと、たちまち「二流労働者(=従属的男性性)」へと転落してしまう。これは、女性の就業が出産や育児などで最初から「中断がある程度予期されている」働き方であるのとは対照的である。

本来ならば、男女や家庭環境を問わず、多様な条件をもつ人たちが協業可能であることが望ましいが、日本企業はこれまで男性中心の均質性の高い組織に対し、適合的に作られてきた。だから、介護などを抱えた男性はたちまち居場所を失ってしまう。

さまざまなデータから明らかになるのは、男性は、人生の中で何か脆弱な部分を抱えてしまったとき、同性の友人相手にはなかなか弱音を吐けない点である。異性相手にしかなかなか弱みを見せられない、という男性の特徴は、社会の中で顕在的・潜在的を問わず競争相手となり得る同性への緊張度の高さに起因すると考えられる。男性にとって、配偶者がストレス軽減のために果たしている役割は極めて大きい。家族社会学者の大日義晴は、男性にとって配偶者の心理的サポートがいかに大きいかを計量分析している[*3]。

同研究は、個人のメンタルヘルスを測定する「ディストレス（不快な主観的状態）」、つまり「うつ状態、不安な状態、身体的不調など複数の心理状態を統合した概念」を軽減するためのサポート効果について検証した。簡単に言えば、ストレスを感じたときに、誰に癒やしてもらえるのかを数値化し実証した研究である。

これは男女の性差が大きい。まず男性は妻からのサポート効果は高く、また先行研究でも、妻より夫のほうが配偶者の情緒的サポートをより多く受け取っているため、結婚によって得られるメリットは男性の方が大きいとされる。その反面、男性は妻以外の相手では、サポートの代替ができない。一方、女性は夫からサポートが得られなくとも他の相手で一部代替が可能であり、誰からもサポートが得られないときに限り、著しくディストレスが高まることが明らかになった。

つまり女性は、孤立そのものには弱いが、ストレス軽減のためのサポート資源は男性よりずっと多い。たとえば親しい同性の友人や母親などに愚痴をこぼしたり慰め合ったりすれば、ある程度気持ちが癒やされてしまうのだ。

ここから、女性は夫が自分の気持ちを分かってくれないと思うと、代わりに実家に帰ってリフレッシュしたり、友人とおしゃべりして鬱憤を晴らしたり……という行動に出やすいことに説明がつく。これに対し男性は、本格的に心を癒やしてもらえる相手は妻しかいない。だから、自分以外の相手にストレスを癒やしてもらいに出歩く妻に対し、不機嫌になる……という現象が起こってしまう。ストレス軽減という側面に関しては、男性は女性よりはるかに配偶者に対する依存度が高いのだ。

「女のいない男たち」は死にやすい

2014年に、村上春樹が9年ぶりとなる短編集『女のいない男たち』(文藝春秋)を発刊した。まえがきで村上は、多くの読者は、このタイトルからアーネスト・ヘミングウェイの短編集 *Men Without Women* を思い出されることだろう、と述べた。「高見浩氏は『男だけの世界』と訳されているし、僕の感覚としてもむしろ「女のいない男たち」よりは「女抜きの男たち」とでも訳したほうが原題の感覚に近いような気がする。しかし本書の場合はより即物的に文字通り「女のいない男たち」なのだ」。

なぜ、こんなモチーフに「絡め取られてしまったのか」は、「僕自身にもその理由はよくわからない」。現実にそういう出来事が自分の身に起こったわけでもないし、身近に実例を見たわけでもないが、それは「遠回しな予言みたいなものかもしれない。それとも僕はそのような「悪魔払い」を個人的に必要としているのかもしれない」と不穏な言葉が投げかけられている。

実際、短編集に登場するのは、いずれも何らかの形で妻や恋人などかけがえのない「女」に去られ、それを機に自らの世界の均衡をあっけなく失っていく男たちの物語である。

世界には、男性の孤独をある種の「男のロマン」に読み替えて美化する物語は多い。村上が引いたヘミングウェイは、その代表格である。だが、実際にはロマンになどならない男性の孤立は、有象無象にひしめいているのかもしれない。

これは、文学的な表現の問題だけではない。現実に配偶者に離別されたり、先立たれたりした場合の男性の寿命は短くなり、孤独死リスクははねあがる。「女のいない男たち」は、それだけ死にやすくなってしまうのである。

統計データからも、男性は女性に比べ配偶者の存在が平均余命に大きく影響する。少々古いデータになるが、国立社会保障・人口問題研究所調査によれば、１９９５年時点で50歳時平均余命は長い順に、「男性・有配偶」29・61年、「同・死別」26・40年、「同・未婚」21・78年、そして「同・離別」は20・85年と、離別した男性は妻のいる男性に比べ、なんと平均余命は9年近く短くなってしまう（次ページ、表1－1）。

女性もまた、有配偶のほうが平均余命が長いが、男性ほど際だった差違はない。50歳時「女性・有配偶」は、35・73年だが、長い順に「同・死別」34・07年、「同・離別」31・39年、「同・未婚」28・17年と、有配偶と未婚で差は7年。興味深いことに、男性は過去40年の時系列で見ると、かつては50歳時未婚のほうが平均余命が短かったが、近年離別と逆転している。これに対し女性は、一貫して未婚より離別の方が平均余命が長い[*4]（表1－2）。

高度成長期末期の70年代は、30歳を過ぎた男女の9割が結婚していた事実を考えると、未婚を通した者は余命に関わるほどの健康的な問題を抱えていたことも示唆されるが、夫に先立たれても離別しても、女性は男性ほど健康状態に大きな影響は受けない事実が浮き彫りになった。

なぜこれほどまでに、男女で配偶関係と平均余命の間に大きな差があるのか。それは何より、男性はこれまで、「妻による心身の全面的なケア」を前提とされてきたため、それ以外のケア資源に乏しい点があげられる。昨今、晩婚化・非婚化が指摘されれ

表1－1　配偶関係別特定年齢における平均余命の推移：1955～95年(男性)

性, 年齢, 配偶関係	1955年	1960年	1965年	1970年	1975年	1980年	1985年	1990年	1995年
20歳時									
総数[1)]	48.47	49.08	50.18	51.26	53.27	54.56	55.74	56.77	57.16
未婚	33.80	36.20	38.83	40.33	43.10	44.48	46.88	48.24	49.44
有配偶	50.56	50.83	51.65	52.61	54.42	55.71	56.97	57.92	58.58
死別	40.95	41.55	41.96	43.80	47.59	48.41	51.23	51.41	47.22
離別	39.32	40.93	41.02	42.17	42.37	43.80	45.15	45.51	45.50
変化係数[2)](%)	14.7	12.5	11.3	10.5	10.2	9.8	9.1	9.1	10.1
30歳時									
総数[1)]	39.70	40.07	40.90	41.90	43.78	45.00	46.16	47.16	47.55
未婚	25.04	27.19	29.58	30.98	33.61	34.85	37.27	38.60	39.80
有配偶	41.23	41.40	42.10	43.05	44.73	45.95	47.22	48.16	48.83
死別	32.92	33.23	33.53	35.28	38.70	37.57	42.05	42.92	40.96
離別	31.33	32.69	32.49	33.58	33.93	34.95	36.56	37.31	37.28
40歳時									
総数[1)]	30.85	31.02	31.73	32.68	34.41	35.52	36.63	37.58	37.96
未婚	17.55	19.49	21.49	22.75	25.10	25.94	28.06	29.26	30.42
有配偶	32.09	32.11	32.73	33.65	35.20	36.32	37.52	38.42	39.06
死別	25.94	25.80	26.06	27.48	30.43	31.38	33.40	34.42	34.95
離別	24.26	25.42	25.33	26.26	26.69	27.25	28.22	28.69	28.72
50歳時									
総数[1)]	22.41	22.39	23.00	23.88	25.56	26.57	27.56	28.40	28.75
未婚	11.26	12.94	14.50	15.73	17.88	18.30	19.99	20.87	21.78
有配偶	23.48	23.33	23.81	24.66	26.11	27.14	28.27	29.02	29.61
死別	19.36	18.98	19.19	20.13	22.55	23.52	25.29	25.95	26.40
離別	17.52	18.87	19.07	19.90	20.28	20.67	21.22	21.05	20.85

1）厚生省大臣官房統計情報部『完全生命表』による.

2）変化係数＝標準偏差／平均×100

るが、「50歳時で未婚の率」を見てみると、以前は戦後から1980年代まで、ほぼ一貫して女性のほうが若干高かった（図1）。

戦後昭和の時代、とりわけ高度成長期は、男性・女性ともに生涯未婚率はきわめて低く、男女とも大きな開きもなかった。男性は70年まで1％台、70年代半ばから2％台になり、80年代に3％台になった。一方、女性は戦後の1％台から60年代半ばに2％台になり、70年に3％台になった。そこから、75年に4％台に乗り、その後90年代までほぼ変化がない。

劇的な変化が起こったのは、90年代である。この時期、とりわけ男性の結婚事情が大きく変わったことが示唆される。90年に男性の生涯未婚率は5％台半ばを超え、女性の4％台前半を抜いた。その後も急増を続け、2000年に12％台半ば（同、女性5％台後半）、05年には約13％（同、女性7％台前半）となった。15年現在、男性の生涯未婚率は23・37％、女性14・06％となっている。

このように数値で見ると、明らかに「結婚難」の問題は、男性のほうが大きい。積極的に選択した上での未婚はむしろ望ましいが、未婚若年男性の約85％が結婚を望んでいることから、多くは消極的選択による未婚であることが示唆される。[*5]

みずほ情報総研の主席研究員・藤森克彦は、男性の未婚率が女性に比して高い原因

表1－2　配偶関係別特定年齢における平均余命の推移：1955～95年(女性)

性，年齢，配偶関係	1955年	1960年	1965年	1970年	1975年	1980年	1985年	1990年	1995年
20歳時									
総数[1)]	52.25	53.39	54.85	56.11	58.04	59.66	61.20	62.54	63.46
未婚	37.77	41.68	45.87	47.31	50.76	51.16	53.33	55.02	56.53
有配偶	54.26	55.08	56.38	57.47	59.23	60.82	62.60	64.03	64.96
死別	51.92	52.74	53.88	55.29	56.83	58.43	60.09	60.45	58.03
離別	48.27	52.47	53.17	55.71	56.01	57.97	58.70	59.12	59.41
変化係数[2)](%)	13.1	10.3	7.5	7.3	5.6	6.3	5.8	6.4	5.3
30歳時									
総数[1)]	43.25	44.10	45.31	46.50	48.35	49.90	51.41	52.73	53.65
未婚	28.92	32.57	36.49	37.88	41.21	41.45	43.57	45.22	46.72
有配偶	44.96	45.56	46.72	47.75	49.45	50.99	52.72	54.15	55.08
死別	42.77	43.46	44.39	45.76	47.32	48.80	50.60	51.35	50.62
離別	39.29	43.38	43.94	46.43	46.69	48.43	49.09	49.83	49.87
40歳時									
総数[1)]	34.34	34.90	35.91	37.01	38.76	40.23	41.72	43.00	43.91
未婚	21.02	24.32	27.76	29.01	32.14	32.16	34.18	35.76	37.18
有配偶	35.85	36.18	37.20	38.16	39.79	41.26	42.96	44.36	45.28
死別	33.85	34.37	35.15	36.42	37.98	39.35	41.41	42.46	43.32
離別	30.66	34.65	35.05	37.43	37.66	39.13	39.85	40.44	40.49
50歳時									
総数[1)]	25.70	26.03	26.85	27.84	29.46	30.84	32.28	33.51	34.43
未婚	14.02	17.11	19.91	20.81	23.64	23.36	25.25	26.78	28.17
有配偶	27.08	27.18	28.00	28.87	30.39	31.78	33.46	34.81	35.73
死別	25.22	25.49	26.14	27.28	28.76	30.03	32.15	33.15	34.07
離別	22.13	26.06	26.29	28.54	28.75	30.07	30.87	31.33	31.39

1）厚生省大臣官房統計情報部『完全生命表』による．

2）変化係数＝標準偏差／平均×100

図1　生涯未婚率の推移

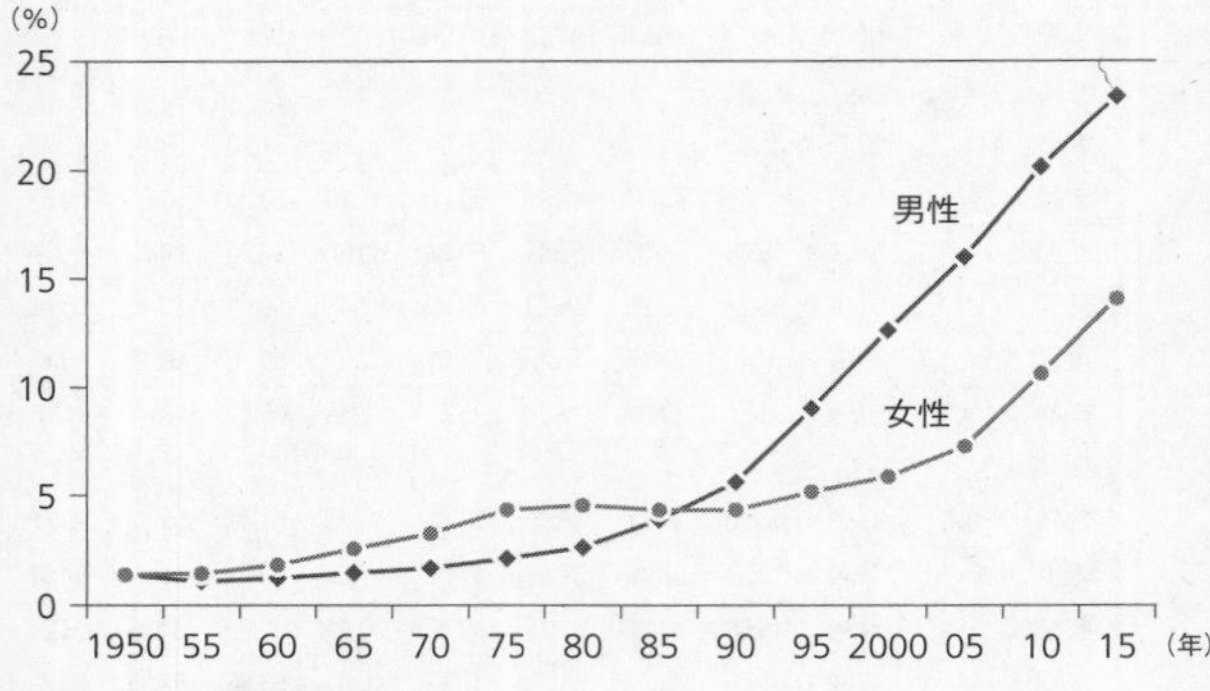

出典：2015年「国勢調査」より

を、次の3点から説明した。[*6]

①医学の進歩により男性の乳幼児死亡率が低下したため。

出生性比率は男性のほうが5～6%ほど高いが、乳幼児死亡率も高いため、かつては結婚適齢期を迎えるまでに男女の差は緩和されていた。20～34歳の「適齢期」とされる男女の人口差と人口性比の推移を見ると、第二次世界大戦中男性人口が減少した分が戦後回復し、75年から結婚適齢期の男性人口が女性人口を上回った。総務省統計局「人口推計」（2019年9月1日現在）で見ても、「適齢期」人口は、男性が女性より約53万5000人多い。

②男性は年下の女性と結婚する傾向が見られ

るため。

たとえば2018年の男女の平均初婚年齢を見ると、男性より女性は1・7歳低い。少子化によって若い年齢層ほど数が減少しているため、男性の「結婚難」の一因となっているともいえる。

③男性のほうが女性よりも再婚率が高いため。

「未婚者」とは、50歳時点まで一度も結婚したことがない人をさすので、離婚した男性が初婚の女性と再婚すると、男性未婚者は減らずに女性未婚者のみが減少することとなる。たとえば2017年に婚姻した夫婦のうち、「夫が再婚で妻が初婚」の婚姻件数は約6万件なのに対し、「夫が初婚で妻が再婚」の件数は4万3000件ほどである。年間1万7000件ほど、男性の方が再婚者が多く、それだけ男性の間で結婚格差が生じていることの証左といえる。

「家族中心主義」の限界

要約すると、男性は結婚相手を見つけることが女性以上に難しく、生涯未婚率も女性の倍である。結婚しやすい層は、なんと言っても安定した職に就き定期収入がある男性だ。内閣府「少子化対策白書」（2019）によれば、30代前半男性の婚姻率は、就業の形態によって大きく異なる。「正社員」は59・0％が結婚しているが、「非正規の職員・従業員」22・3％、「非正規の職員・従業員のうちパート・アルバイト」15・7％となる。「正社員」以外では、むしろ結婚しているほうが稀なのだ。

家族社会学者の山田昌弘によると、低収入男性は「結婚しにくい」「離婚しやすい」「再婚しにくい」の三重苦となっている。[*7] この傾向は、１９９０年代以降顕著となってきた。従来、日本の社会保障制度は、70年代に成立した「皆婚時代」を前提に、社会保障制度を組み上げてきた。70年代は、最も生涯未婚率が低かった時代でもあり、多いときで生涯の内男性98％、女性97％が結婚していた。先進国では驚異的な数値である。

言うまでもなくこれは、若年男性の雇用環境が安定していたためと、女性には一生一人で食べていけるだけの職が乏しかったため、結婚しなければ生きていけなかったことが背景にある。

だが、驚異的な婚姻率の高さを誇った時代は終わりを告げ、生涯未婚率は今後も上昇し続けることが示唆される。山田は、誰もが家族をもつことが当たり前であった時代から、急速に家族を持てる人と持てない人の格差が拡大した時代へと移行している事実に注目し、家族のケアの恩恵を受けられない人を「「家族」難民」と呼び警鐘を鳴らしている。

衝撃的同なタイトルの書籍によれば、今平均寿命を迎えている世代の生涯未婚率は約３％で、日本の近年の年間死者数は約１２５万人と、ちょうど平均寿命を迎えている未婚者数と、孤立死数がほぼ合致する。もちろん、両者は必ずしも一致しないが、数字的には未婚者と孤立死した人の多くが重なることが推測できる。山田は次のように指摘する。

> もし未婚者と孤立死した人の多くが重なっているとすると、２０１０年、50歳時点での男性生涯未婚率20%、女性10%（男女平均で15%）という数字は、じつは恐ろしい数字なのです。いまから、25年後、年間１５０万人の死者数に対する15%で、20万人以上の人が孤立死を迎える可能性を示唆しているからです（80歳で亡くなるとして）。離別者や子どもがいない死別者を加えれば、30万人と予測してもよいくらいです。[*8]

実は私も、拙書『シングルマザーの貧困』（２０１４年、光文社新書）を書き進める中、別の角度から男性の「家族難民」ぶりに気づいた点がある。

日本では、離婚後の夫婦が共に親権をもつ「共同親権」の制度がない。それゆえ離婚した場合子どもは父母いずれかの単独親権となるが、現在子どもの親権は8割は母親が取得する。これは、主たる子どもの日常的な養育者が母であるという事実によるところが大きい。

筆者が実際にシングルマザーの方達にお話を聞いて回った時、離別シングルマザーの方々が異口同音に語った最大の離婚理由は、「夫の存在が子どもにとってマイナスと判断した」であった。

よく、離婚は「家族を壊す」と判で押したように言われるが、実態は異なるのではないか。シングルマザーのみなさんは元夫のDVや隠れ借金、あるいは生活費をまったく入れないうえ家事も育児も手伝わない……等の問題に悩まされ、ついに離婚に踏み切っていた。そして異口同音に「離婚してからの方が家族は幸せ」と語っていた。彼女たちにとって、離婚は「家族の幸せ」のための選択だったのである。だから現在の日本で、子どものいる離婚は、「家族の解体」ではない。実質的には、「家族の父捨て」なのである。

もっとも、これは最近の話である。かつて子どもは「家」に属するものとされ、戦前の法制度では、「家に在る父」が親権を行使することとなっており、母親には親権がなかった。このため、女性は離婚の際には子どもを残して家を出なければならなかった。

1947年施行の日本国憲法でこの点は大幅に変更され、「個人の尊厳と両性の本質的平等」が明記された。民法の家族法部分も改正され、家制度は廃止となり、妻の無能力規定や男女不平等な離婚原因は撤廃され、親権は両親平等となり、財産分与規定や配偶者相続権も新設された。

けれども戦後まもない時期まで「家」制度は解体されても「家」規範は残存し、このため65年までは父親が親権を取得するケースが多数派を占めていた。

60年代前後は、家族のかたちが急速に変わった時期でもある。後述するが、結婚に関しては、お見合い結婚を恋愛結婚が上回ったのが60年代後半である。さらに60年代とは戦後日本社会の民主化がようやく多くの人たちの感覚に馴染み、家族に関しても家制度から個人同士の関係重視の社会へと変化した時期である。家族が「愛情」を基盤とするとの意識が広まったこの時期、皮肉にも家制度の権威を失墜していった男性が、次第に家族から捨てられるようになっていったといえる。

だがこの事実は、まだまだこの時期、男性の孤立リスクは高い婚姻率によって覆い隠されていた。

産業の変化とコミュニティの解体

孤立は、人間に対し極めてマイナスに作用する。まず人間は、孤立するほど自殺しやすい。あたりまえの指摘のように思われるかもしれないが、この事実が初めて学術的に検証されたのは、19世紀後半のことである。

社会学者エミール・デュルケムは『自殺論』（1897年）で、集団の凝集性（成員個々人のコミュニティへの帰属意識）が弱まるほど、人間は自殺への免疫性が弱まると結論づけている。つまり自殺率の高まりは、その社会のつながりの弱体化が影響していると考えられるのだ。

当時、急速な工業化により大幅な変化を迎えていたヨーロッパ社会では、自殺率の上昇が問題視されるようになっていた。社会の急速な変化は、既存の社会関係やつながりを解体する。近代化の推進は社会を発展させ、多くの人たちに富や自由をもたらした。だが他方で、多くの犠牲も強いたのである。

米ブリガムヤング大などの研究チームが、アメリカのオンライン科学誌『プロス・メディシン』に発表した「社会関係と死亡リスク」調査によると、家族や友人、隣人に恵まれた高齢者は、孤独な高齢者に比べ、生存確率が１・５倍も高いという。日常的に人づきあいがあることは、心理面だけではなく、身体の健康に直接良い影響が見られる。一方、孤立は、アルコール依存症や、たばこを１日15本吸うのと同じぐらい健康に悪いという。[*9]

たしかに、家族や近隣の人々とのつながりは、生活満足度を高める。２００７年『国民生活白書』では、「家族と一緒に過ごす時間が長い人」「隣近所の人と行き来が多い人」「職場・仕事関係の人と行き来が多い人」ほど、生活満足度を感じる傾向にある。また、単身世帯よりその他の世帯（夫婦世帯、夫婦と子ども世帯など）のほうが、未婚者よりも既婚者のほうが生活満足度は高まる傾向にある。

その一方で、「地域」と「職場」における望ましいつき合い方については、「全面的」なつき合いを望む人の割合は低下し、代わりに必要があれば話し合うような「部分的」なつき合いや、必要最低限の「形式的」なつき合いを望む人の割合が高まっている。

とりわけ「職場」でのつき合いに関しては、１９７３年には「全面的」なつき合いを望む人が６割だったが、30年後の２００３年には４割以下に減少している。逆に「部分的」なつき合いを望む人は３割弱から４割に、「形式的」なつき合いを望む人は

1割から2割に増加している。

もともと日本は、農村社会の濃密で閉鎖的なコミュニティが人々の生活基盤にあった。明治維新の時に、日本人の9割が農漁業民であり、その後の殖産興業により工業化が進められた。戦後間もない1950年では、就業者の約半数が農林漁業の第一次産業に従事していたが、この家族・地域・労働を包括的に取り込む農村社会は、その後訪れた高度成長期に解体していった。

戦後の激しい経済成長の牽引車となったのは、なんと言っても製造業や建設業など第二次産業であり、50年の段階で就業者の2割であったが、その後急増し、70年から90年まで34%前後で推移していた。だが90年代後半から減少し、2010年には25%を切った。一方、サービス業など第三次産業従事者は50年に3割弱、70年に4割を超え、2010年には7割を占めるなど急増している(図2)。

さて、話を高度成長期に戻すと、工業化は激しい人口移動をもたらした。それまで日本は農村部に人口がプールされていたのが、高度成長期に都市部へ若年層を中心とした人口移動が起き、人口の過半数が三大都市圏へと集中するようになった。同時に、世代間での社会移動も起きた。社会移動とは社会的地位の移動を意味するが、ここでは通常職業の移動を見る。親世代が農家を営んでいても、その息子たちは大学を卒業

図2　産業別就業者構成割合の推移

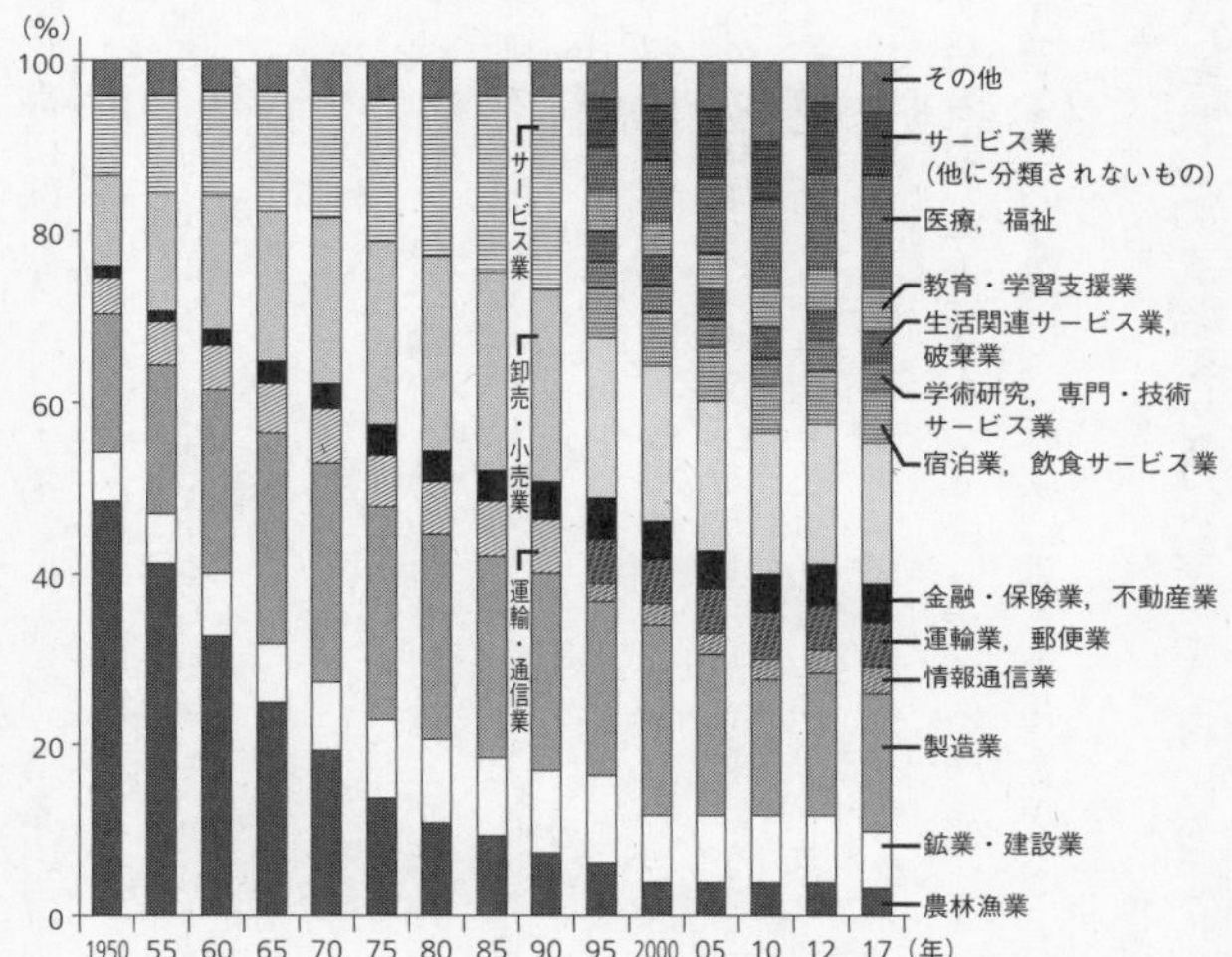

注：1）1995年，2000年及び2005年は，総務省統計局による抽出詳細集計に基づく推計，集計である．1990年までとは産業の表章が異なっており，接合は行えない．

2）1995年以降の運輸業には郵便業を含み，金融・保険業，不動産業には物品賃貸業を含む．また，飲食店，宿泊業は宿泊業，飲食サービス業としている．

3）1990年までの卸売・小売業には飲食店を含む．

4）2010年は「労働者派遣事業所の派遣社員」を派遣先の産業に分類していることから，派遣元である「サービス業（他に分類されないもの）」に分類している他の年との比較には注意を要する．

出典：総務省統計局「国勢調査（1950〜2015年）」、「労働力調査（2017年）」より作成

したら都市部のサラリーマンになる、あるいは中卒で「金の卵」として工場労働者になるべく集団就職していく……などという風景が一般化した。そして、この過程で「故郷の農村共同体」は解体していった。いわゆる過疎過密問題も派生するようになった。

旧来の農村社会は、「ヨソ」と「ミウチ」を分け隔て、「ミウチ」の恥は、「ヨソ」には決してもらさない。急速に農村社会が解体され、私的な生活が都市郊外のマイホーム型核家族へと急速に縮小しても、日本人はその意識が今日も払拭できていないように見える。

今日の社会は、SNSその他ネット上のコミュニティでの交流は盛んであり、すぐに遠くの相手と「つながる」ことが可能になる一方で、身体性をともなないプライベートな領域に踏み込むようなコミュニケーションのハードルは高くなっているように見える。たとえば、子どもを少し預かってもらったり、買い物を頼んだりといった「ご近所づきあい」は、かつてよりずっと困難になってきているようだ。それゆえ、育児や介護などの負担は、家族に重くのしかかることとなる。

一人暮らしの高齢男性は近所づきあいも乏しい

たとえば、２００７年「国民生活選好度調査」（内閣府）によれば、近隣住民と「よく行き来している」人はたった1割、「ある程度行き来している」が3割で、残り6割は「あまり」、ないしは「ほとんど」行き来しておらず、8％弱の人は「あてはまる人がいない」という。

また、11年『高齢社会白書』（内閣府）によれば、60歳以上の人で「困ったとき同居の家族以外で頼れる人」の国際比較（複数回答）では、日本は「いない」が20・3％と、アメリカ10・5％、ドイツ5・4％、スウェーデン9・7％と突出して多い。日本人が一番頼りにするのは、「別居の家族・親族」が60・9％だが、それは他国も同様に多く、アメリカ63・6％、ドイツ73・7％、スウェーデン58・6％となっている。

一方「友人」に頼ると答えた人は、日本17・2％、アメリカ44・6％、ドイツ40・7％、スウェーデン34・9％と日本は突出して低い。同様に、「近所の人」に頼ると答えた人も、日本18・5％、アメリカ23・7％、ドイツ38・2％、スウェーデン26・5％と日本の低さが際立っている。

「個人主義」と言われる欧米諸国の人のほうが、友人や近所の人にずっと頼る傾向が高い。これは、先述した農村社会的「ミウチの恥」意識が残存していることの証左で

図3　「ふだん、近所の人とのつきあいがほとんどない」人の割合

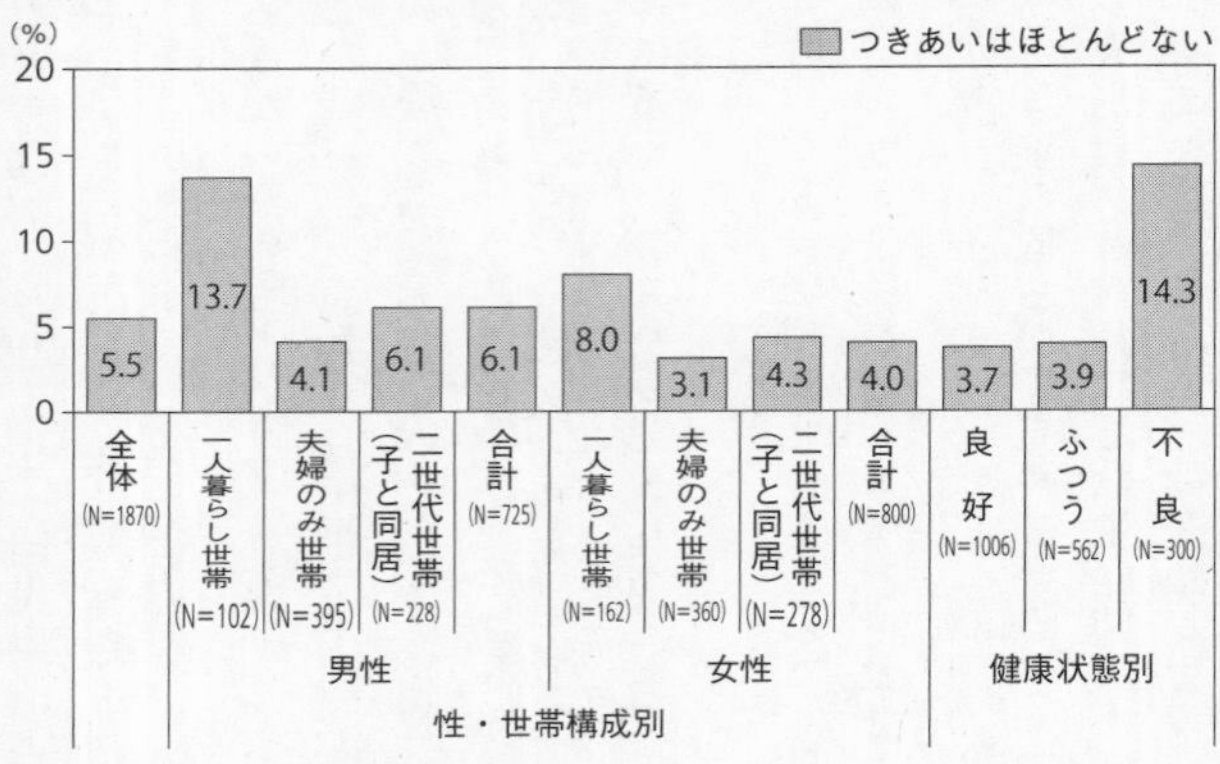

注：調査対象は，全国60歳以上の男女

出典：内閣府、2018年「高齢者の住宅と生活環境に関する意識調査」より作成

あろう。急速に近代化を遂げ、プライバシーの概念が成熟する前に伝統的コミュニティが解体してしまった日本の大きな課題といえる。

コミュニティが解体し、頼れる相手の数が減る一方で、近年日本では、家族に対する「精神的つながり」「やすらぎ」などを求める人の割合は増加している。これは、家族以外の集団で、それらが求めづらくなっていることのあらわれかもしれない。だがその家族もまた、晩婚化・非婚化や、単身世帯の増加などによって、急速に人々の生活から縁遠くなってきている。

さらに、男性は女性よりも普段からの近所づきあいが乏しい。内閣府20

18年「高齢者の住宅と生活環境に関する意識調査」(対象者は全国60歳以上の男女)によれば、「つきあいはほとんどない」という人は、全体では5・5%だが、性別や世帯類型別に、その数値は大きく異なっている(図3)。

女性は、「夫婦のみ世帯」3・1%、子ども世代と同居している「二世代世帯」4・3%、「一人暮らし」8・0%と、一人暮らしが一番近所づきあいがないが、男性ではその傾向が際立っている。高齢男性の場合、「夫婦のみ世帯」4・1%、「二世代世帯」6・1%だが、「一人暮らし世帯」では13・7%と近所づきあいをしていない人の割合がはね上がる。つまり男性は、近所づきあいも家族と一緒ならば行うが、そうでなければ自分から積極的に出向くことが少ない。

さらに、同調査で日頃の会話の頻度(電話やEメールも含む)についてたずねたところ、全体の9割以上の人が「毎日会話をしている」と回答しており、「2~3日に1回」以下とした人は計8・6%にとどまる。

しかし、一人暮らしの男性は42・1%が「2~3日に1回」以下であり、そのうち「ほとんど話をしない」人も12・7%いた。同様の調査は、一人暮らしの女性では「2~3日に1回」以下は32・7%、「ほとんど話をしない」8%と比較しても男性のコミュニケーションの乏しさは際立っている。

この影響は、繰り返し述べるが家族（とりわけ配偶者）に「しか」心理的にも、具体的なケアでも頼れない男性に、より濃厚に現れている。その端的な例が、圧倒的に男性に多い孤独死と自殺者数の増加である。次章では、男性の社会的孤立問題に加え、より深刻な「命に関わる問題」、とくに自殺、孤独死、さらに平均寿命の男女格差などを検証していく。

家族関連問題は、男性の方が深刻

2000年代の家族関連流行語を振り返ると、『負け犬の遠吠え』（酒井順子、2003年、講談社）、『おひとりさまの老後』（上野千鶴子、2007年、法研）、そして「婚活」（白河桃子・山田昌弘、初出は『AERA』2007年11月）の3つが、やはり際立っている。

見方を変えれば、これらの語はいずれも、「孤独死」を遠巻きにしている言葉といえる。

「負け犬」は、長ずればいずれ独居老人となり、高孤独死リスク群となる。「おひとりさまの老後」はまさに孤独死への覚悟を説いた本だ。個人的には、私は孤独死というよりも「自立死」を説いた本だと思っている。でも、誇り高く「自立死」を迎えられる人は、物心両面プラス友人関係にも恵まれた「おひとりさまエリート」である。やはり、一般人には無理……と焦った人たちは「婚活」に走る……という具合であった。

人間、誰でも死は恐ろしい。ましてや、たった一人で、突発的な病気や事故で苦しんでいるときに、周囲に助けてくれる相手もなく苦しんだり、衰弱したりして死んでいくのは、本当に恐ろしいことである。筆者も、書いていて泣きそうになってきた……。ともあれ、これらの流行語は、人々の不安を、軽妙にオブラートにくるんで名指すことに成功したからこそ、流行したといえる。

ただ、これらの言葉の取り上げられ方について、ずっと引っかかっていることがあった。一般に、結婚や家族関連語の「当事者」は、女性と考えられている。とりわけ「負け犬」は女性を指す語であり、結婚に焦っているのはいつの世も女性のように思われてきた。

だが、本書で繰り返し指摘してきたように、現在の日本では、家族に関する問題は男性のほうがずっと深刻なのである。すでに述べたように、現在日本の男性の生涯未婚率は女性の倍となっている。家族に恵まれない男性は、ケア資源に乏しく近隣からも孤立しがちである。それだけではない。そもそも世帯類型の如何を問わず、男性は一般に仕事中心の生活を送りがちであり、女性に比べ自らの健康管理にも無頓着であることから、罹患リスクも高いのである。

名古屋ハートセンター副院長の太田壽城は次のように指摘する。[*10]「男性高齢者が女性高齢者に比し高い死亡確率あるいは死亡率の病態は、悪性新生物（口腔・咽頭、食道、胃、肝臓、喉頭、肺、膀胱）、急性心筋梗塞、心筋症、脳出血、慢性閉塞性肺疾患であった。男性で高い罹患率の生活習慣病は、糖尿病、肥満であった。高齢男性で頻度の高い生活習慣は、飲酒・喫煙であった」。今のところ「高齢期の死亡、罹患、特に自立について、性差に注目した研究は少ない」が、今後は「心理的および社会的な側面も含めて、性差を考慮した研究が必要である」と論じている。

思うに、日本社会は男性の「健康管理」は、食事内容から身の回りの衛生管理まで、妻が一手に引き受けるという前提で、男性自身も自分の健康管理には無頓着な傾向があった。この観点のためか、家庭科も長らく女子のみが必修であった。だが、今後は男女が協業する必要性が検討され、１９９３年に中学校で、94年に高校で家庭科の男女共修が導入されるようになった。

私見では、この「家庭科男女共修世代」（概ね現在の30代より下の世代）は、それより上の世代に比べ、男性も家事を「スキル」として合理的にとらえる傾向があるように思う。

個人的なことで恐縮だが、筆者の母も家庭科の教員免許を持っていたが、家事の教え方は完全に化学や物理のようであった。料理は浸透圧やタンパク質の性質などから教えてくれたし、いつも洋服は一緒に布地から買ってきて、素材の性質や用途（空気を含みやすいかどうか、放熱しやすいかどうかなど）、物理法則から裁断方法や縫い方などを教えてくれたので、大変分かりやすかったし、家事とはそういうものだと思っていた。だから世間一般の「家事は愛情の象徴」という感覚に、正直違和感があった。

だが今後は、男性こそ家庭科の知識を含めた健康管理のスキルは必要である。男性の日常生活は、放っておけばあっという間に仕事中心の生活となり、自分の健康について考えるのは、年に一度の会社の定期健康診断のときくらい……というような人ならば、なおさらだ。いや現在の日本では男性も若年層ほど非正規雇用比率が高まり、健康診断すら学校を出てからほとんど受けていない……などという人も珍しくなくなってきている。

これも個人的な感慨で恐縮だが、男性は健康に無頓着か、あるいはいったんこだわり出すとなると一気に「健康オタク」化する人が多いように思える。女性の場合、どうしても出産期には健康管理について徹底的に考えざるを得ないし、さらにその後の育児や離乳食期などには家族のケアについて考えざるを得ない。

健康管理は、本来男女問わず誰しも自分の問題として常に考えるべきものではあるが、それは「日常」に直結した問題であるため、極端なことは続かない。そこで、できること、なすべきことを日常生活の中で自らのバランス感覚の中で見いだしていくしかない。妊娠・出産・授乳期のような人生の「強制健康強化期間」がない男性こそ、もっと自分の健康管理には自覚的になるべきであるように思う。

孤独死リスクは圧倒的に男性が高い

一人暮らしの不自然死、いわゆる「孤独死」に相当する死亡も、統計にもよるが、男性はおおむね女性の倍となっている。

今や大きな日本の社会問題となった孤独死だが、実はいまだ正式な定義はない。厚生労働省や警察庁は孤独死の正式な統計をとっておらず、近年自治体による実態把握について調査を始めた。

引き取り手のない身元不明死として、官報に「行旅死亡人」と告知される人は、年間3万2000人――この衝撃的な数字が報じられたのは、2010年1月放映の

『NHKスペシャル』である。同番組は反響を呼び、同年11月に書籍化されたのは記憶に新しい。

ちなみにUR（都市再生機構）の定義は、「孤独死とは、「病死又は変死」事故の一態様で、死亡時に単身居住している賃借人が、誰にも看取られることなく、賃貸住宅内で死亡した事故をいい、自殺又は他殺を除く」となっている。おそらく、私たちの印象も実像もこれに相当すると考えられる。

毎日新聞の調査によると、県庁所在地の計98自治体（公営団地全体の8割に相当）が運営する公営団地で、09年度に「誰にも看取られることなく孤独死した人」が少なくとも1191人で、このうち65歳以上の高齢者が7割以上を占めるという。

UR団地で起きた孤独死も年間500人を超え、そのうち65歳以上は300人超となっている。[*11] 公営団地は、「60歳以上の単身者」の入居を例外で認めているため高齢化が目立ち、いきおい高齢者の孤独死も問題化しやすい。

比較的正確に統計を発表しているのは、東京都監察医務院である。同院は、東京都23区内で発生したすべての不自然死について、死体の検案や解剖を行う東京都の機関である。

ここに運び込まれた異状死のうち「単身世帯」であった人の総数は、2017年現在、4777人。その内7割に当たる約3325人が男性、女性は約1452人となっている。[*12] 2003年は、総数2861人、内男性は約1985件、女性が約876件であった。過去14年間で、東京都23区内では男性の「一人暮らしの不審死」は、1300人以上増えたことになる。

突出して多いのは「60代以上の男性」であり、この層だけで単身世帯の異状死全体の5割となっている。また男性は、すでに40代後半で年間153人(同、女性31人)の「一人暮らしの異状死」が発生し、50代前半には254件(同、女性48件)となり、一番多い60代後半で617件(同、女性123件)に達する。女性が男性を上回るのは、平均寿命を反映して80代からのことである。「おひとりさまの老後」が問題になるのは、実は男性のほうなのだということが分かる。

「孤独死」の語は、すでに1970年ころから新聞でも用いられてきた。だがメディアを賑わせ始めたのは、90年代半ば過ぎのことである。70年から95年まで、全国紙を「孤独死」の文字が躍ることは滅多になかった。ところが96年に一転して社会問題化した。直接的には、1995年1月の阪神・淡路大震災後、仮設住宅での「孤独死」が問題視されるようになったことによる。たとえば、96年9月には、震災孤独死が100人に達したという記事が報じられている。

同震災後、仮設診療所にかかわった医師・額田勲は、「震災孤独死」する者には、①一人暮らしの無職の男性、②慢性の疾患を持病としている、③年収100万前後の低所得者、という三つの特徴が際立つことを指摘した。[*13] つまり「孤立、失職、慢性疾患が相乗する現代の低所得者層において発生すると、およそ概括することが可能」としつつ、別の角度からも問題を提起した。

額田は、低所得でもなく、別居親族と疎遠でないにもかかわらず、孤独死がみられるという事実に注目し、これを震災という特殊事情による「孤独死」ではなく、「独居死」というべきである、と捉え直した。そこから、「社会構造そのものが一人暮らしの高齢者をはじめ多くの孤立者を生み出す人間疎外の方向に進んでいる」と指摘したのである。つまり孤独死の問題は、災害・貧困・疾病という「例外的事情」にだけ還元して考えることはできないということである。

阪神・淡路大震災は、建築物のみならず、社会の「耐震構造」の脆弱さも露呈させた。一見豊かに見えるこの国では、ほんの一時住居や経済的基盤を失っただけで、たちまち孤独死に直結してしまうという脆弱さが露わになったのである。

95年は、全国から神戸にボランティアが集まり、「ボランティア元年」ともよばれた。人々のつながりの重要性が再確認された年でもある。

だが一方、翌96年は、災害後の復旧が進んでなお孤立に苦しむ人が続々亡くなった。それは残念ながら、震災という特殊事情のみならず、日本社会の「孤立化の構造」を露呈させた。だから、あえて言えば1996年は、「孤独死元年」といえるのではないか。孤立化の危険性が、改めて認識された年、ともいえる。

「被雇用者」の自殺は8割が男性

周知のように、日本は先進国では自殺率（10万人あたりの自殺者発生率）が高い国である。年間自殺者数は、1998年に3万2863人となり、その後14年間に渡って年間3万人台が続いた（図4）。

内閣府統計によると、2018年現在年間の自殺者数は2万840人だが、そのうち男性1万4290人、女性6550人と、7割が男性である。

年齢層は、総数で見ると50代が3575人と全体の17・2％を占め、ついで40代3498人（16・8％）、60代3079人（14・8％）、70代2998人（14・4％）の順となっている。20〜50代の働き盛りの年齢階層は、男女比でみるとすべて男性が70％を超え、この年齢層の男性だけで自殺者全体の4割を占める。

職業階層別に見ると、「無職者」が1万1776人と、全体の56・5％を占めてい

図4　自殺者数の推移

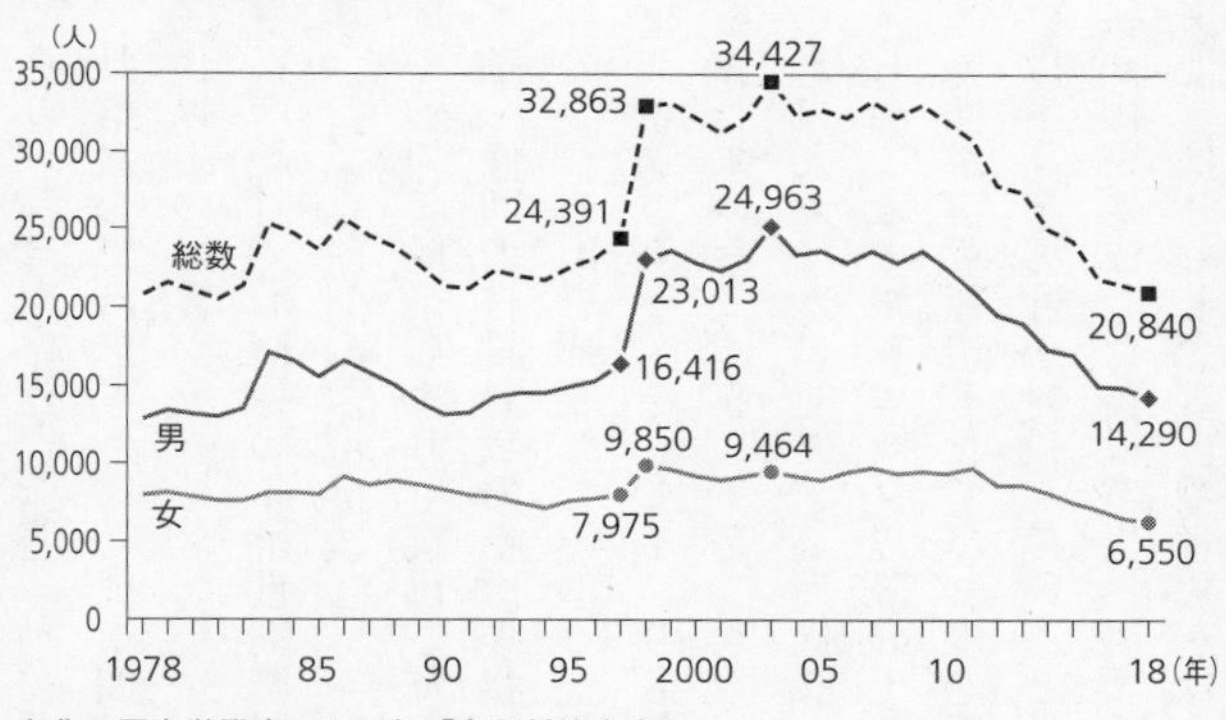

出典：厚生労働省、2019年『自殺対策白書』

る。ついで、「被雇用者・勤め人」(6447人、30・9%)、「自営業・家族従業者」(1483人、7・1%)、「学生・生徒等」(812人、3・9%)の順となっている。

原因・動機が明らかなケースのうち、原因・動機が「健康問題」にあるものが1万423人と最も多く、次いで「経済・生活問題」(3432人)、「家庭問題」(3147人)、「勤務問題」(2018人)の順となっている。

ただし、男女で自殺の様相には大きな違いがある点に注意が必要である。まず、自殺者の職業階層「無職者」は、主婦も含むが、統計に挙っている「主婦」は全員女性であり、「失業者」は9割が男性である。

さらに、自殺した「被雇用者」は8割が男

性であり、「経済・生活問題」「勤務問題」による自殺者は、ともに男性が9割を占める。動機としては最も多い「健康問題」は、高齢化の影響で女性も自殺者数が増え出す60代以上の影響が大きい。

警察庁統計でも同様の年齢性別階層別の動機を細かく見ていくと、いわゆる「働き盛り」、つまり40〜50代男性では、「経済・生活問題」や「勤務問題」による自殺が、女性や他の年齢階層よりも突出して深刻であるのが分かる。*14

年齢・性別の自殺者数の年次推移を追って見てみると、男性は戦後顕著な自殺者数増加の3つの山を形成している。まず1955年前後に15〜34歳層が、1980年前後に35〜54歳層が、そして1998年以降に45〜64歳層の自殺者数がそれぞれ大きな山を作っている（図5）。

これはおおまかに見て、高度成長期に入る前の時期には就職難や生活苦が若年男性を苦しめ、オイルショック以降の1980年には減量経営などの影響でやはり現役世代の男性が自殺し、そしてバブル崩壊後男性の賃金水準が相対的に低下しはじめた時期には中高年男性が自殺していると推測できる。一方、女性は55年前後に15〜34歳の階級が山を形成した後は、男性のような大きな変動はみられない。

男性をはじめとする自殺者数がはねあがったのは98年だが、前年97年は年齢階層に

図５　年齢階級別自殺者数の推移

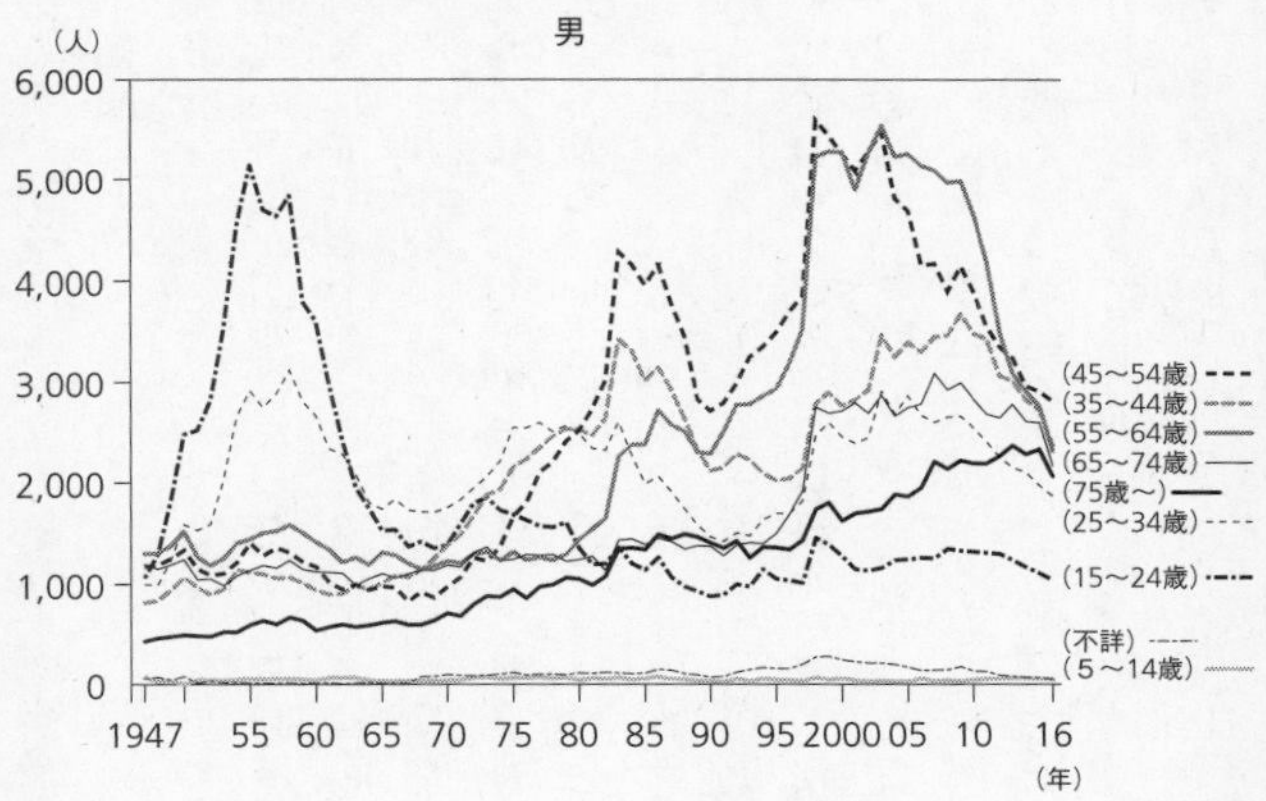

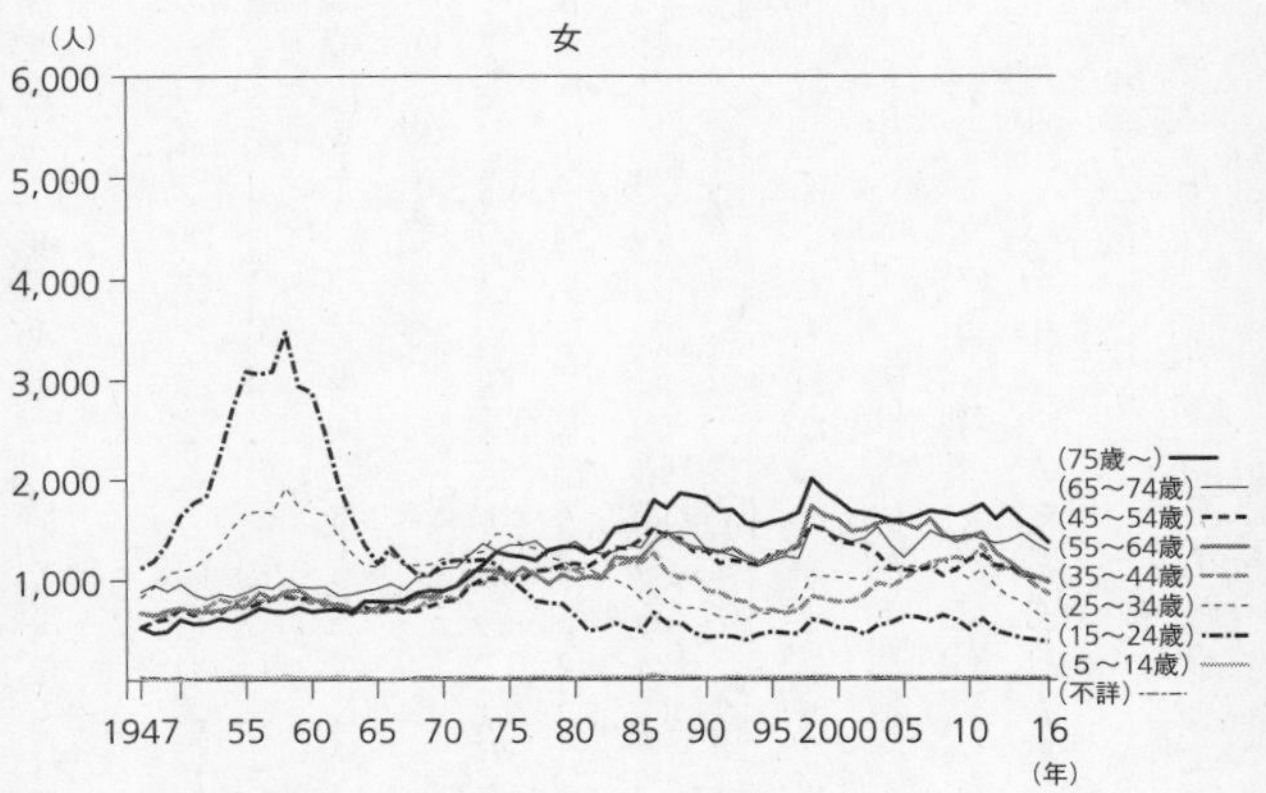

出典：厚生労働省、2018年「自殺対策白書」

もよるが、サラリーマンの給与水準が最高値を迎えた年であり、以降若年層を中心に低下傾向にある。

90年代半ば過ぎは、バブル崩壊後いわゆる「ロスジェネ」などと呼ばれる就職氷河期世代の苦境が話題になったが、それは就職の「入口」の問題であった。すでに正規雇用されている会社員の昇給ベースは急には鈍化せず、バブル崩壊後も上がり続けていた。それがいよいよ「頭打ち」になったのが、97年である。

ちなみに、97年はサラリーマン世帯のうち専業主婦のいる世帯を共働き世帯が抜いた年でもある。いよいよ、サラリーマン世帯は男性片働きモデルでは立ちゆかず、主婦がパートをはじめ就業するケースが一般化しだしたのも、この時期である。

さらに、人口10万人あたりの自殺者数（以下「自殺死亡率」）で見てみると、男性は配偶者のいない場合の自殺死亡率が極度に上昇することも分かっている。厚生労働省『自殺対策白書』（2019年）の「2018年における配偶関係別の自殺死亡率の状況」を見てみると、男女とも「有配偶者」はすべての年齢階級で各年代別の総数よりも低くなっているが、「未婚」、「死別」、「離別」は各年代別の総数よりも高い。

とりわけ、「男性」「離別」は飛び抜けて自殺死亡率が高い（表2）。

たとえば人口10万に当たり自殺死亡率でみると、男性「20代」は「有配偶」で9・

表2　2018年における配偶関係別の自殺死亡率の状況

男						
年齢階級	総数[1)]	20歳代	30歳代	40歳代	50歳代	60歳以上
総数[2)]	26.9	24.2	25.1	27.8	32.8	28.4
有配偶者	17.8	9.8	11.6	15.8	19.6	20.2
未婚	33.4	27.8	39.3	40.5	53.4	57.5
死別	53.3	—	153.8	98.9	64.8	51.5
離別	109.3	135.6	133.6	129.0	121.0	86.4

女						
年齢階級	総数[1)]	20歳代	30歳代	40歳代	50歳代	60歳以上
総数[2)]	10.7	9.5	8.7	10.1	12.3	12.2
有配偶者	7.9	4.2	4.2	6.4	9.4	9.8
未婚	11.7	10.8	14.6	16.1	22.4	14.6
死別	14.9	—	62.5	22.0	15.8	14.7
離別	25.8	43.5	32.6	28.3	24.1	22.2

注：1）総数には15〜19歳及び年齢不詳を含む
　　2）総数には配偶関係不詳を含む
出典：厚生労働省「人口動態統計」（再集計）及び国立社会保障・人口問題研究所「人口統計資料集」（2019）より厚生労働省自対策推進室作成

8だが、「離別」135・6、30代「有配偶」11・6だが、「離別」133・6人、40代「有配偶」15・8人だが、「離別」129・0人、50代19・6人だが、「離別」121・0人となり、同年齢階層ではその差は5~9倍にもなる。さらに、30代は「死別」で153・8人と、離別以上に自殺死亡率が高い。

　一方女性は、「有配偶」と「離別」の自殺死亡率の格差は大きいものの、そもそも自殺死亡率そのものが男性の半分以下であるため総数も低水準である。

　要約すれば、一般に男性は女性よりも自殺しやすく、さらに配偶者との離別や死別を経ると自殺死亡率が跳ね上がるといえる。

動機別に見てみると、仕事や経済上の問題をかかえやすい中高年層に関しては、男性のほうが女性よりはるかに自殺しやすい。統計数から見ても、家計責任が重い40〜50代の「経済・生活問題」「勤務問題」の重圧は深刻である。被雇用者の自殺者の8割が男性であることを加味すれば、勤務上の葛藤や、家計責任の重さを抱えながらも、死ぬまで仕事を辞めない（辞められない）、中高年サラリーマン男性のつらさが浮き彫りになったといえる。

男性自殺者が多い理由

なぜ男性のほうが自殺しやすいのか。これについては、さまざまな先行研究がある。精神科医で災害精神支援学が専門の高橋祥友は、次のように述べている。男性の自殺率が女性より高い要因を、次の3点から説明している。[*15]

①生物学的要因：衝動性をコントロールできる能力は、女性のほうが圧倒的に優れている。男性は問題解決場面で、敵対的、衝動的、攻撃的な行動に及ぶ傾向が強く、自殺を図ろうとするときにも、より危険な手段を取りがちである。

②精神医学的要因：男性のほうがうつ病だけではなく、アルコールや薬物の乱用がうつ病に合併する率が高い。

③社会的要因：問題を抱えた時に女性のほうが他者に相談するといった行動に対して抵抗感が比較的少なく、柔軟な態度を取ることができる。「強くなければならない」「他人に弱みをみせてはならない」「問題を自力で解決しなければならない」といった社会的制約が男性では強いために、問題を抱えた時に誰かに相談するといった態度が取れず、すべてをひとりで抱え込んでしまおうとする態度が明らかである。精神科受診に対する抵抗感も、一般的に男性の方が高い。

このうち③の説明は、先述した「覇権的男性性」の力学にも当てはめることができる。また、類似の研究報告でも、男性は他人に助けを求めることが女性に比べ苦手であるほか、対人関係の破綻やストレスに対し女性よりも脆弱な点も指摘できるという。ただし、これは社会的役割の問題も指摘できると高橋は述べる。たとえば、近年女性の就業率も上がり、女性でも専門職に就いている人の自殺率は、専業主婦に比べて高いという報告もあるという。また、1990年代以降の職場環境の変化が、働き盛りの男性の自殺を激増させた要因として、成果主義導入や非正規雇用の増加などの影響も指摘できるという。

ただ、非正規雇用の増加は圧倒的に女性・若年層に多い。現在従業員に占める非正規雇用割合は6割が女性であり、40代半ば以上の女性では7割となっている。したがって、単に非正規雇用増加以上に、やはりステレオタイプ化した男性の「家計責任」像が、当の男性をときに自殺に追い込むほど苦しめていると考えるほうが妥当である。共働き世帯が増加したが、今なお日本の世帯は夫婦ともに「男性が家計を担うべき」と考えている人が夫・妻ともに7割おり[*16]、その責任と負担の重さがうかがわれる。

日本の男女の平均寿命格差が大きい理由

周知のように、日本人の平均寿命は国際的に見ても長いが、男女差が大きいのも特徴である。保健人口学を専門とする綿引信義は、日本人男女の平均寿命格差を他の諸外国と比較検証している[*17]。この報告をもとに、筆者は男女の世界各国の平均寿命格差を3群に分類してみた。

①平均寿命格差高程度群[*18]（カッコ内は男女それぞれの平均寿命）

ロシア　11・18年（男65・29歳、女76・47歳）

タイ　6・8年（男71・8歳、女78・6歳）
日本　6・17年（男81・09歳、女87・26歳）
韓国　6・1年（男79・3歳、女85・4歳）

②平均寿命格差中程度群
フランス　5・8年（男79・5歳、女85・3歳）
フィンランド　5・7年（男78・4歳、女84・1歳）
アメリカ合衆国　4・9年（男76・3歳、女81・2歳）
ドイツ　4・89年（男78・31歳、女83・20歳）
イタリア　4・48年（男80・56歳、女85・04歳）
カナダ　4・1年（男79・8歳、女83・9歳）

③平均寿命格差低程度群
デンマーク　3・9年（男79・0歳、女82・9歳）
スウェーデン　3・38年（男80・72歳、女84・10歳）
ノルウェー　3・37年（男80・91歳、女84・28歳）

アイスランド　3・0年（男80・7歳、女83・7歳）

この③平均寿命格差低程度群については、いずれも世界経済フォーラムが世界経済フォーラム（World Economic Forum, WEF）発表の「ジェンダーギャップ指数」も高水準国、つまり男女間の格差が小さい国である点が気になった。

ジェンダーギャップ指数とは、次の4点からその国の男女平等度を測る指数である。

① Economic Participation and Opportunity（経済活動の参加と機会）
給与、参加レベル、および専門職での雇用

② Educational Attainment（教育）
初等教育や高等・専門教育への就学

③ Health and Survival（健康と生存）
寿命と男女比

④ Political Empowerment（政治への関与）
意思決定機関への参画

世界経済フォーラム報告の「ジェンダーギャップ指数」２０１９年版では、日本は１５３カ国中、１２１位と先進国では最低レベルだった。これは、日本の女性は「健康」水準が高く、「教育」水準もそこそこ高いものの、管理職割合や賃金の低さから「経済」が、議員の女性割合が極めて低いことなどから「政治参加」が極めて低いことによる。

参考までに、先進国では平均寿命の男女格差が最も小さいアイスランドは、２０１９年ジェンダーギャップ指数も1位、「世界一男女平等な国」とされる。他にも、寿命格低差程度群の諸国は、ノルウェー2位、スウェーデン3位、デンマーク14位となっている。中程度群は、フィンランド3位、ドイツ10位、フランス15位、イタリア76位、カナダ19位、アメリカ合衆国53位。高程度群は、ロシア81位、タイ75位、韓国１１７位となっている。

男女の平均寿命格差中程度群の中にも、フィンランドのようにジェンダーギャップ指数で見た平等度の高い国も含まれることや、寿命には社会・医療・福祉・文化等さまざまな要因が複合的に関連していることから、男女平等水準が直接的に影響を与えていると判断するのは早計ではある。ただ、相対的に豊かで男女全体の平均寿命も長く、かつ男女の平均寿命格差が小さい国は概ね男女平等度が高い事実から、次のような仮説が導き出される。

男女平等度が高く、女性の社会参加が進んだ国は男性の家計責任が相対的に低く、「妻子を食べさせる」重圧も相対的に軽くなることが予期される。また、妻の稼得能力が高い場合、男性は意に沿わない異動や転勤などの命令が下った時、場合によっては拒絶することも選択肢に入りやすくなる。結果、相対的に男性の心身の健康状態は比較的良好に保たれやすくなる。

他方、女性の社会進出が進まず、男性の片働きで、専業主婦の妻と子どもを養わねばならない国では、男性は勤め先の不当な命令にも従い、会社にしがみついて働かねばならない可能性は高くなり、日常的な長時間労働も辞さない働き方を余儀なくされがちになる。ストレスを紛らわせるためや、男性同士のつながりが優先される社会の中で、つきあいの必要上飲酒喫煙の機会は増え、仕事中心の生活のせいで、たとえ体調不良でも適切な時期に病院に通う機会は減り、結果、男性の心身の健康は損なわれがちになる……。

だんだん、仮説というよりは日本のサラリーマンの悲哀そのもののように見えてきたのは、気のせいだろうか。

ともあれ、この仮説が正しければ、「女性の職場進出」は女性のためだけではなく、大いに男性の心身の健康にも役立つといえるのではないか。

サラリーマン人生の葛藤を描いた作品として、たとえば2013年に大ヒットしたドラマ「半沢直樹」（TBS系）がある。後半のクライマックスで主人公半沢の同期の近藤直弼が、半沢を裏切る展開になる。近藤は、もともと優秀な人間であったが、精神疾患にかかり出世コースを外れてしまった人物だ。

それでも家族思いの近藤は家族を支えに懸命に働き、マイホームを建てるのだが、出向ですぐに手放すこととなってしまう。その後もさらに遠隔地への出向を命じられそうになったところで、半沢の敵である大和田常務からの「半沢を売れば東京本部に戻す」という取引をもちかけられ、妻子のために涙をのんでそれに乗ってしまう。

まさに出向・異動の多い職種のサラリーマンの悲劇といえるが、少し考えてみてほしい。もし近藤が事実上の左遷である出向を言い渡された時に、妻にもキャリアがあったらどうだろうか。もしかしたら、「妻も働いているので、その命令は考えさせてください」と言えたかもしれない。万一会社を辞めることになったとしても、妻が稼いでいれば、転職先を探しながらハウスハズバンドをやれる可能性だってあったかもしれない。

ジャーナリストの治部れんげは、アメリカのこの世帯単位でのキャリア形成について取材し、詳細に述べている。アメリカではすでに、男性も「妻のキャリア」が自分のキャリア形成のためのリスクヘッジになると考え、ときに一時ハウスハズバンドになって妻のキャリアを後押ししつつ、ゆったり条件にあった再就職活動をする人も珍しくなくなったという。[*19] 一方の性にだけ家計責任が偏った世帯形成では、今後の変化の激しい社会には対応が難しい。新しい形の「家族の生き残り戦略」を感じさせるルポルタージュである。

それでは次章では、現在の日本型サラリーマンがどのように形成され、どのような点が問題となっているのかを詳解したい。

＊1　平山亮、２０１４年『迫りくる「息子介護」の時代　28人の現場から』光文社新書。

＊2　明治安田生命福祉研究所・ダイヤ高齢社会研究財団、２０１４年11月11日「仕事と介護の両立と介護離職」。

＊3　大日義晴、２０１２年「配偶者サポートの独自性　ＮＦＲＪ08を用いた計量分析」『家族社会学研究』Vol. 24, No. 2　１８９─１９９頁。

＊4　石川晃、１９９９年3月「配偶関係別生命表：１９９５年」『人口問題研究』55─1、46頁。

＊5　国立社会保障・人口問題研究所、２０１５年「第15回出生動向基本調査　独身者調査」より。若年（18〜34歳）未婚者対象。「いずれ結婚するつもり」と回答した人は男性85・7％、女性89・3％。同調査では、「一生結婚するつもりはない」との積極的非婚派は男性12・0％、女性8・

0%であり、増加傾向にある点も注意が必要である。

＊6　藤森克彦、2010年『単身急増社会の衝撃』日本経済新聞出版社。

＊7　山田昌弘、2014年『「家族」難民　生涯未婚率25%社会の衝撃』朝日新聞出版。

＊8　山田、前掲書、54頁。

＊9　この研究は、世界で過去に行われた148種類、計約30万8900人を対象とする長期調査をまとめて分析し直した成果。調査期間が平均7年半で、対象者の平均年齢は約64歳。男女ほぼ半々で、地域別では北米51%、欧州37%、アジア11%、オーストラリア1%である。

＊10　太田壽城、2015年3月「男性高齢者の特徴と性差医療の注意点」『公衆衛生』Vol. 79, No. 3　155—158頁。

＊11　UR都市機構、2007年8月28日「孤独死に関する対策等について」。

＊12　東京都監察医務院、2013年「年齢階級（5歳階級）、性・世帯分類別異状死数（自宅死亡）東京都特別区」。

＊13　額田勲、1999年『孤独死　被災地神戸で考える人間の復興』岩波書店。

＊14　警察庁「令和元年度中における自殺の状況」

＊15　高橋祥友、2015年3月「中高年男性の自殺」『公衆衛生』Vol. 79, No. 3　181—184頁。

＊16　山田昌弘、2010年「日本の未婚者の実情と、「婚活」による少子化対策の可能性」『クォータリー生活福祉研究』通巻74号 Vol. 19, No. 2。

＊17　綿引信義、2015年3月「平均寿命における男女差の人口学的構造」『公衆衛生』Vol. 79, No. 3　150—154頁。

＊18　厚生労働省、2017年「簡易生命表の概況」。

＊19　治部れんげ、2009年『稼ぐ妻、育てる夫　夫婦の戦略的役割交換』勁草書房。

第3章　日本男性の「関係貧困」

日本型サラリーマンはどのように形成されたのか

普段私たちが何げなく使っている「サラリーマン」とは、どのような人たちだろうか。都市型新中間層として考えれば、その源流は明治後期から大正期にかけ登場した人たちといえる。

1920（大正9）年第1回国勢調査によれば、新中間層（サラリーマン）は全国区151万人で全就業者中の5〜7％、東京では就業者の2割が「サラリーマン」であった。これは、現在では中央官公庁の高級官僚や大手商社マンや銀行員など、エリートサラリーマン層にあたる。

たとえば大手銀行員勤めの男性が「妻子を養い、女中にも手当てを渡し、余裕をもって生活するには月100円程度必要」と述べているが、同時期、「庶民」階層であった工場労働者世帯は、おおまかに見て月20円程度で暮らしていた。戦前における庶民とエリートの格差は、今では考えられないほど大きかったのである。サラリーマンといえば、1人の稼ぎで妻子を養い仕事に邁進する姿が一般的なイメージであり、いわば専業主婦とワンセットである。このような「家事に専従する主婦」のあり方を可能にする収入は、夫の収入が、家賃（戦前は持ち家は少なく、都市部の庶民は長屋など賃貸住まいが一般的であった）や米代をはじめとした食費、被服費、雑貨費、子どもの学用品費等、毎月必ず必要な「実支出」を上回っていなければならない。

この「夫の収入÷実支出」の値を、庶民階層である工場労働者の家計から産出すると、明治30年代0・8、大正9年0・9、昭和6年に1・03となる。*1 昭和初期、ようやく「1」を超えた夫の収入だが、それでもギリギリである。事実、長らく工場労働者世帯は、妻も同じく工場で働くか、あるいは自宅で内職をするのが当たり前であり、妻の稼ぎがなければ庶民はとても家計を維持できなかったのだ。

参考までに、大正から昭和にかけて製造業の賃金が増大する傾向にあり、たとえば1918（大正7）年から1922（大正11）年の間に製造業の実質賃金は5割増しになっているが、物価もそれにつれて上昇している。

つまり、勤め人の夫が「専業主婦」を養うモデルは、戦前までは庶民には難しい生活モデルだったのだ。後述するが、これが戦後高度成長期に一変する。

日本型サラリーマンについて詳細に分析している社会学者の多賀太によると、英語salaried manの和製英語として字句通りとらえると、この言葉が指し示すのは、「俸給生活者」「給料生活者」「月給取り」等となる。これは、「日本では職種というよりも雇用形態を指す」言葉であり、戦後の高度成長の最中、日本人の生き方のモデルとして見なされるようになってきた。

ただ、多賀が強調するように、「サラリーマン」とは通常男性を指す言葉であり、男性の標準的な生き方モデルとしての役割が強い。あたかも英語のmanが、男性でありつつ人間を意味するように、男性であることや「男らしさ」モデルを意味する「サラリーマン」が、「女性も含めた日本人全体を代表」してきたことは、そのこと自体が「日本社会が男性中心社会であったことを物語っている。同時に、こうしたサラリーマン観が、男性中心の日本社会のあり方を正当化してきたといえる」と多賀は指摘する。

したがって、戦後形成されてきた「サラリーマン」像が変更を余儀なくされているとすれば、それは単に雇用形態のみならず、望ましい男性像そのものが変化を要請しているということになる。

さらに多賀は国勢調査データなどから、サラリーマンの動態を検証している。大正期までは、サラリーマンはごく一部のエリート層であった。それが、昭和に入ると「事務」「専門・技術」に類別される狭義のホワイトカラー層が全就業人口に占める割合は、1930（昭和5）年には6・5％だった。これが1940（昭和15）年には10・6％と1割を超えた。戦後の高度成長期の初期、1955（昭和30）年には13・0％となり、好況期に沸く1965（昭和40）年には18・5％に急増し、高度成長期終了直後の1975（昭和50）年には23・8％と、「全就業者の4人に1人はサラリーマン」になっている。

これらの変化は、機械化や組織の複雑化にともなう各企業の従業員に占めるホワイトカラー割合が高まったことや、経済成長にともなう企業数や企業規模の増加にともなうホワイトカラーの絶対数の増加、さらには人々の階層上昇志向や高学歴化の影響が指摘されるという。

戦後日本型サラリーマンの労働観・家族観

この「戦後日本型サラリーマン」の労働観・家族観は、妻子を男性1人の賃金で養う「家族賃金（family fortunes）」モデルを前提とした賃金体系によって確立されていった。これは言うまでもなく、学卒新規一括採用にもとづく若年層男性の高い就労率に裏打ちされていた。

家族賃金モデルは「男は仕事・女は家事育児」の「性別分業」を促進し、同時に高い婚姻率を可能にした。70年代のもっとも婚姻率が高かった時期、男性98％、女性97％が生涯のうち一度は結婚する「皆婚社会」が到来した背景には、この社会構造がある。

男は働いて当たり前、結婚して当たり前、結婚したら妻子を1人で養って当たり前。この三位一体が一般化した歴史は古くない。繰り返すが、産業構成比に占める第一次産業比率が高く、自営業や家族従事者が多かった時代、女性も農作業や小商いなどをして働いているのが一般的であった。

さて、地域にもよるが、日本人の未婚率は、歴史を通じて2割前後で推移してきたという。農家で継ぐ田畑のない次男坊、三男坊などは結婚できないのも珍しくなかった。江戸時代に江戸で吉原をはじめとした遊郭が盛んになったのも、商工業者などの男性人口比率が高く、しかも未婚男性が多かったことに起因するという。吉原などの花魁を買うのは高額であったことから、中には長屋住まいの未婚男性数名で遊女を一人妾として囲い、「妾シェアリング」をしていた……ということまであった。むしろ

70年代のように「すべての男性に妻が行き渡る」ような時代は、日本の歴史を通じて特異な時期であったといえる。

家族観は、産業構成比やそれにともなう労働観、地域社会のあり方などによって人類史を通じて変化しつづけてきた。70年代の結婚観が今日の状況と齟齬をきたすようになったのは、むしろ当たり前のことである。

だから近年の若年層の雇用環境の悪化や日本型雇用慣行の解体が、家族賃金モデルの前提をゆるがし、晩婚化・非婚化などの家族関連行動の変化をもたらすのは当然の帰結なのだ。

戦後日本社会では、人口移動と都市化がコミュニティの人間関係の希薄化をもたらした結果、「お見合い結婚」の比率が激減したのも大きな変化である。戦前まで日本人の結婚は、農村共同体を背景に「家同士の結びつき」を重視するものであり、「お見合い」が婚姻の7割を占めていた。それが戦後の地域社会の変化により激減していった。

「お見合い結婚」が「恋愛結婚」よりも若干少なめになったのは、60年代後半である。その後、団塊世代が本格的に結婚関連行動をとりだす70年代にお見合い結婚は3割に減り、80年代に2割強から弱へ、そして90年代の前半から後半にかけて1割を割り込

図1　結婚年別にみた、恋愛結婚・見合い結婚構成の推移

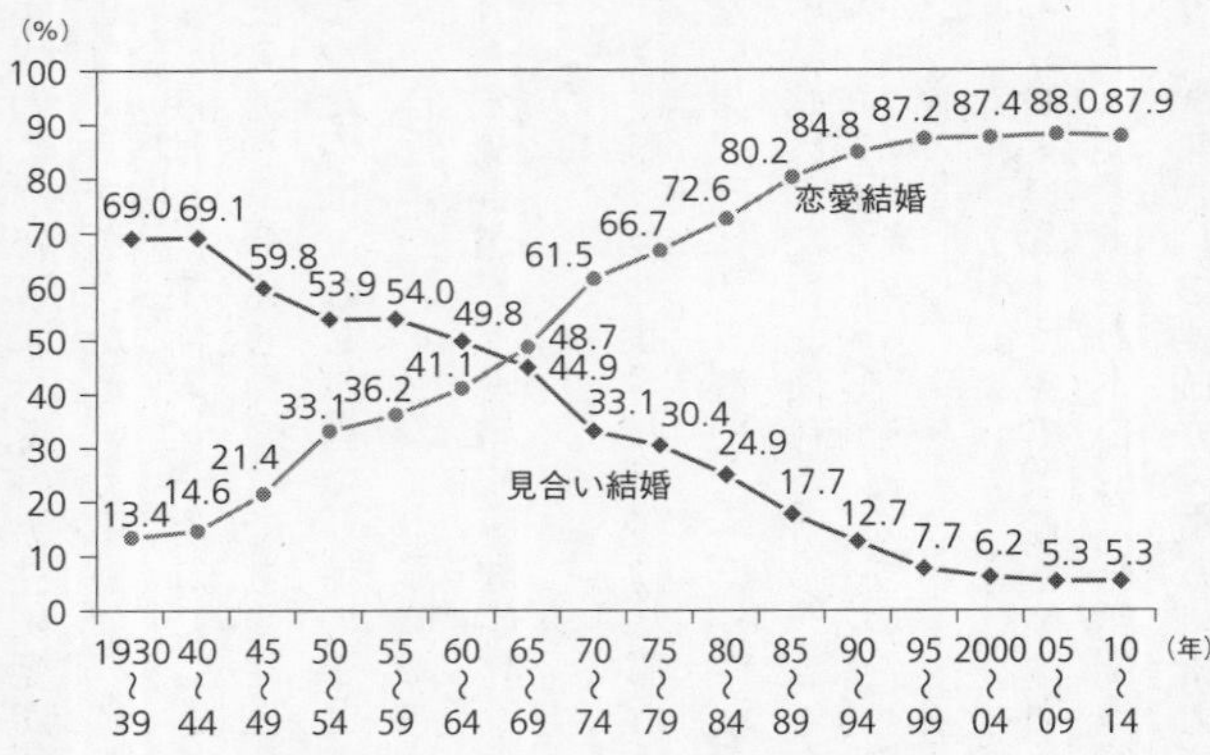

出典：国立社会保障・人口問題研究所、2015「第15回出生動向基本調査」より
厚生労働省政策統括官政策評価官室作成

む。2015年現在、お見合い結婚は全婚姻のうち5%台まで落ち込み、今や約9割が恋愛結婚となっている（図1）。

　少し前まで、日本では50歳時点での未婚者を「生涯結婚しないもの」と仮定し、生涯未婚率と呼んで集計していた。このため、「結婚適齢期」と目される年齢20代半ば～30代半ばから約20年後に「結果」が出ると考えられる。90年代に男性の生涯未婚率が急増したが、これは「恋愛結婚」が多数派を占めるようになった70年代に結婚しなかった人が、90年代に「生涯未婚者」として算定されたと推測される。

　したがって、90年代以降急増した男

性の生涯未婚率は、お見合いの衰退と恋愛結婚志向の高まりに関連するといえる。これが、先に述べた人口学的要因および経済社会構造の変化と相まって、男性の未婚率を急速に押し上げたのである。

もちろん、恋愛結婚の増加には、結婚の意義が、戦前の「家同士の結びつき」から、「男女個人同士の情緒的結びつき」へと変化したことも大きい。その背景には、日本社会の構造的変化により、地域社会が変貌を遂げた点が横たわっている。

つまり、放っておいても地域の「世話焼きおばさん」のような人を通じて、おのずと「いいお話」が舞い込んでくることは皆無となり、誰もが異性にモテなければ結婚できなくなったわけである。そのような結婚市場における希望と現実の乖離を埋めるべくして登場したのが「結婚相手紹介サービス業者」、いわゆる婚活産業であった。

「サラリーマン小説」時代を遠く離れて

先に引いた多賀太は、「サラリーマン」をモチーフにした作品やこの言葉のメディアでの扱われ方についても、詳細を述べている。これによれば、明治期から昭和前期に活躍した漫画家の北澤楽天が、「サラリーマンの天国」「サラリーマンの地獄」と題したサラリーマンの日常生活を漫画に描いたのが1918（大正7）年のことであった。

この大正期にサラリーマンという言葉が一般に知られるようになり、その後1919年に「東京俸給生活者同盟」が結成され、新聞で「サラリー・メンス・ユニオンの組織」と報道された。その後、大正末期から昭和初期にかけ、吉田辰秋『サラリーマン論』(1926)、前田一『サラリーマン物語』(1928)などが刊行されている。だが、本格的に「サラリーマン」の数自体が増え、存在感が増してきたのは、前述したように戦後昭和期である。

戦後生まれた「サラリーマン小説」は、エンターテインメント小説の一大ジャンルとなっていった。その先鞭をつけた源氏鶏太の大ヒットサラリーマン小説『三等重役』は、1951年から52年まで、『サンデー毎日』に掲載され、52年には森繁久彌主演で映画化もされた。

「三等重役」とは、創業者一族でもオーナーでもなく、また取り立てて有能なわけでもないのに、なぜか社長になってしまった主人公・桑原社長のような人物を意味する造語であったが、これが一気に浸透した。

本作が書かれた時期はまだ高度成長期前夜であり、日本の就業者の半数近くは農林漁業など第一次産業従事者であった。まだ戦後を引きずった時期に、小規模な城下町でとくに何か見所のある事業を行っているとは思えない会社の社長が、「何となく」ボーナスを2割増しにしたりしてしまうという夢のような設定も、生活苦にあえぐ多くの庶民を励ましたに違いない。

戦後間もなくという事情を反映してか、若手社員は「アプレゲエル」だし、前社長は「パージ」されたりといった下りも描かれるが、それでものどかな城下町は、サラリーマンのパラダイスとして描かれていた。

「サラリーマンは気楽な稼業ときたもんだ」のフレーズで有名な「スーダラ節」が歌われた、植木等主演『ニッポン無責任時代』の上映が『三等重役』から10年後の1962年であるから、この「無能でもそこそこ幸せに働く呑気なサラリーマン」像の源流は、源氏をはじめとするサラリーマン小説だといえる。

1957年にはフランク永井が「13、800円」を歌い、ヒットした。これは当時の大卒初任給の平均額である。歌われている労働を想起させる単語は、「もっこ」「つるはし」「トラック」であり、建設業・製造業が隆盛する雰囲気を感じさせる。第2連目で、13800円あればぜいたくを言わなければ嫁をもらえると歌っており、第3連目、4連目は家族についての夢と希望が歌われている。

このように戦後昭和の若いサラリーマン男性の夢は、つつましい生活ながら、明るい家庭。歌詞に歌われるサラリーマンは、休日には子どもを連れて動物園に行ったりする。妻のことを「ママ」と呼び、一家は仲良く笑顔が絶えない。それを下支えしていたものは、なんと言っても安定した雇用と年々上昇が見込まれる賃金だろう。

この時期の日本は、経済成長と階層平準化が同時に進行した時期であった。「今」手が届かないものも、来年、再来年には買える可能性が高い。その「希望」は、日本という国全体の経済成長を前提としていた。

すこし俯瞰して見てみると、政府も55年体制と呼ばれる奇跡的に安定した実質的な自民党一党体制のもと、東西冷戦構造を背景に軍事はアメリカに「アウトソーシング」し、ひたすら経済成長第一主義で邁進することが可能となった。企業は系列同士でスクラムを組む「護送船団方式」で脱落者を出さぬように配慮しあい、その中で正社員として雇用された男性は、日本型雇用慣行のもと安定雇用を約束され、その妻となった女性は専業主婦として家事育児に専心した。

このような安定は、実はもっぱら大企業の社員や公務員に享受されたものであり、中小企業の社員や自営業者は、それほど安定していたわけではないとの指摘もある。だが、この時期の年率平均9%を超える高い経済成長は、これらの問題点を覆い隠して余りあるものであった。こうしてアジアで最初に先進国の仲間入りした日本の高度成長期は、「政治・経済・国民生活の三位一体時代」といえる。

一方、90年代半ば以降急速に解体したのはこの「三位一体」である。国民生活の生活スタイルも、家族形態も多様化を迎え、現在日本社会はその対応に迫られている。それは、均質性の高い日本の「サラリーマン生活」が解体される過程でもあったのだ。明るい家庭も、安定した生活も、すべてはこの三位一体を前提にしていたがゆえに、時代が変われば一気に解体してしまう。

その中で、もっとも大きな危機に直面しているのが、男性の社会的包摂である。これまで日本では、男性は仕事さえしていれば、家族生活もケアも享受できるとされてきた。

だが、繰り返し指摘してきたように、その前提は急速に解体しつつある。日本の男性は、非正規雇用比率と未婚率が上昇してきている。そしてたとえ「会社勤めをしている妻帯者」でも、その職業生活期間を通じて家族と「時空間分離」して過ごすため、ときに家族から疎まれ、退職後には地域社会での居場所がないといった事態も頻繁に見られる。

21世紀を迎えた現在、サラリーマン小説時代を遠く離れても、まだまだ当の男性たちすら気づいていない問題は、水面下で進行しつつある。

“世界一孤独”な日本の男性

実は日本の男性は、国際比較から見ても、突出して「孤立化リスク」が高い。これは、男性が就業以外の社会参加に乏しいという社会的背景による。労働時間が長く、家族や地域社会とのかかわり合いも希薄な日本人男性は、仕事の場以外の人間関係も築けず、失職や定年退職が、孤立に結びつきやすいのだ。この現状を、私は日本男性の「関係貧困」とよぶ。

経済協力開発機構（ＯＥＣＤ）発行の「女と男報告書」（２００６年）によれば、日本人男性の交遊活動は突出して不活発であり、「世界で最も孤独」であるという（図2）。

これは加盟国のうち21カ国を対象に、友人や同僚と業務外で外出したり、サークル活動などに参加したりした経験を聞いた調査である。日本人男性は16・7%が「一度もない」や「ほとんどない」と答えた。2位のチェコ人男性ですら9・7%であり、日本人男性の「孤独」は突出している。

生活の満足感を聞いた調査でも、男性は女性の満足度を下回る。日本の男性に課せられる働き方は、多くの場合長時間の拘束をともなう「職住分離型」である。それは

図２　社会集団の中で友人や仲間等とほとんど、あるいは全く過ごさない人の割合

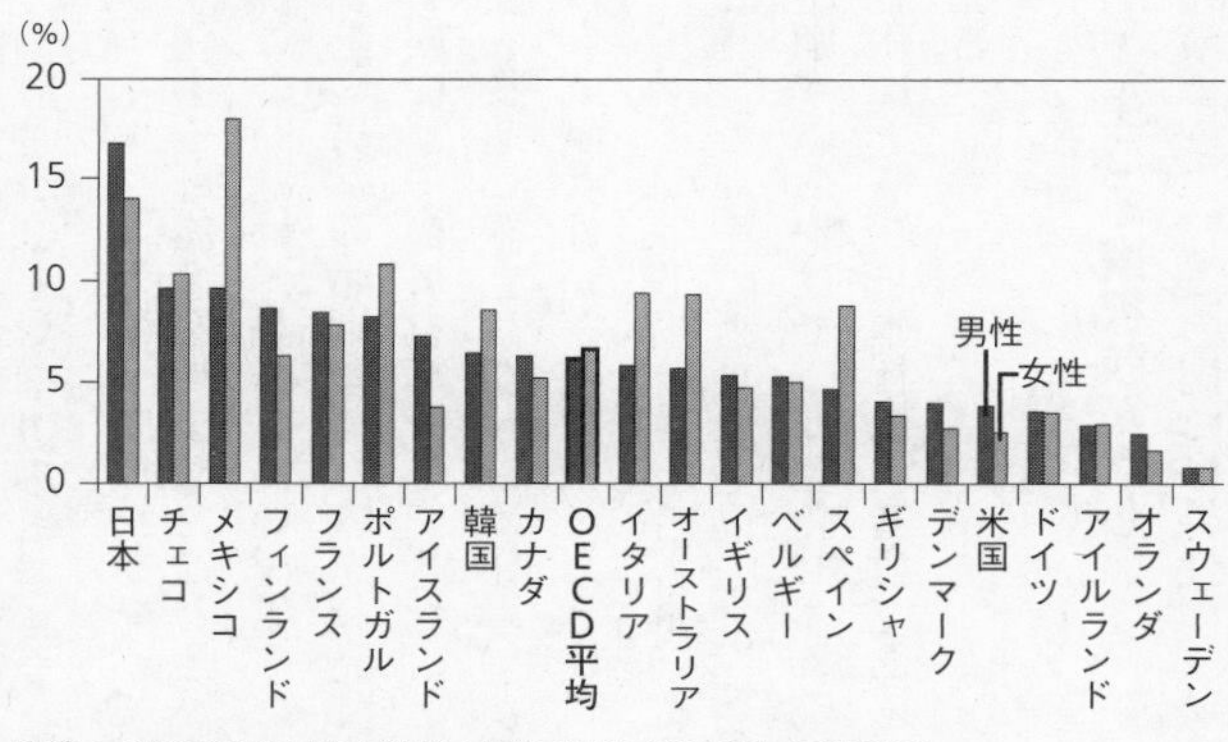

出典：OECD"WOMEN AND MEN IN OECD COUNTRIES"

業務外の人間関係を根こそぎ奪う性質のものであり、地域や家族からの孤立と、生活満足の低下を生みやすい。

日本の男性は、被雇用者の場合職住分離型の通勤生活を送る。自営業者の減少により、「昼間居住地域にいない」就労者の割合も近年増加の一途を辿っている。総務省「労働力調査」から時系列で見ていくと、２０２０年１月現在の自営業者は、家族従事者とあわせて７２４万人。全就業者数は６６８７万人なので、自営業率は９・４％となっている。たとえば、ちょうど30年前の１９８４年のデータと比べると、自営業者と家族従事者は１２０３万人。全就業者数は６４５３万人なので、自営業率は18・６％であった。30

年で、2割弱から1割を切るまで減少したことになる。つまり、「男性は平日の昼間居住地域にいない」傾向が、どんどん高まっているのだ。それゆえ、地域社会で男性は孤立化する可能性も高まったこととなる。

だがこの問題は、長らく高い婚姻率により覆い隠されていた。1970年代には、30歳以上の男女の婚姻率は9割を超えていたが、それは言いかえれば、大多数の男性が、家族によるケアを享受してきたことを意味する。

高度成長期に確立した「男は仕事、女性は家事・育児」の性別分業型のライフスタイルは、既婚女性が育児や介護など成員のケアのほか、実は地域のソーシャルキャピタル（良好な人間関係）も一手に担うことで安定的に機能してきた。

つまり、これまでの日本では、「男性の孤独」も「地域社会の解体」も、高く安定した婚姻率のおかげで、問題化せずに済んできたにすぎない。だが、今や経済社会構造の変化により、日本社会の基盤である地域コミュニティは一気に脆弱性を露呈したといえる。

男性の人生こそ選択肢が乏しい

周知のように、この国では男性のライフコースも、日常生活も、すべては就業を中心に考えられており、それ以外の選択肢は極めて乏しい。

対照的に、女性のライフコースは良くも悪くも社会の変化に柔軟に対応すべく、制度も改定され続けてきた。1986年には男女雇用機会均等法が施行されたのと同時に、主婦の年金権を確立する第3号被保険者制度も導入された。

女性にバリバリ働いてほしいのか、それとも家事育児など「内助の功」に徹してほしいのか、どっちにしてほしいのか女性も「キャラ」を決めかねて悩みはじめ、今日までそれは続いている。政府もずっと女性政策に関しては矛盾を抱えていた。これは、望ましい女性像が揺れ動いていたことを意味する。

一方、男性像に関しては、この国は一貫して「就労第一主義」をとってきた。本来、女性の職場進出を後押しするならば、男性の地域社会や家庭進出も同時に推進する必要がある。

だが現実には、男性の人生には就労以外の選択肢が極めて乏しい。今、この国で就労継続することは、女性の人生にとって選択肢の一つに入った。だが、男性にとっては降りることが絶対に許されない人生航路だ。万一降りるには、清水の舞台どころか、飛行機からパラシュート降下するくらいの覚悟が必要……とは、言い過ぎだろうか。

男性は、実質的に「仕事をしない」という人生の選択肢がない。もちろん、健康で就労意欲のある人が働くこと自体は望ましいことである。ただ問題は、就労可能な条件が整っていなくても、一律に就労が前提とされてしまう点や、転職のための中長期な就労からの離脱すらも、よほどの条件が整わなければ困難な硬直化した雇用環境にある。男性は、諸条件に応じた柔軟な働き方の可能性が、極めて乏しい。

人材コンサルタントの常見陽平の言葉を借りれば、日本企業の働き方とは、「ジョブとメンバーシップの一体型」である。実質的に「会社村」の住人とならねば、主流の労働者とはみなされない。女性ならば、幸か不幸か誰もが納得する「家庭責任」の錦の御旗のおかげで、ある程度柔軟な働き方について男性より理解されやすいが、男性には実質的に認められにくい。いきおい、日常的に長時間労働やいわゆる「サービス残業」も辞さない働き方が通例となる。

この働き方は、「妻に家事や育児などのケアワークを丸投げ」できる男性労働者を標準としているため、ケア負担を抱えた人には極めて困難となる。今なお正規雇用の女性であっても第一子出産後に6割が離職するが、これもこの「標準労働者」像と適合しないことが背景にある。いや、女性だけではない。すでに述べたように、近年は男性でも、介護を抱え込む人が増加傾向にある。

だから求められるのは、男性も含めた柔軟な雇用環境の再編だ。第2部で詳細を述べるが、男性の働き方をまったく変えないまま、社会の変化を女性のライフスタイルを変更するだけで対応しようというやり方は、すでに限界を迎えている。

男性の「就労第一主義」こそが社会的孤立の源泉

男性は、「就労第一主義」でとらえられてきたため、いったん就労の場からこぼれ落ちると、一気に社会とのつながりをなくし孤立してしまう。これは、男性無業者に顕著な傾向として表れる。数年前、日本の若年無業者「ニート」の概念を用いて論じた玄田有史は、近年新たな分析視角を提唱した。ニートが15歳から34歳の無業者を指すのに対し、玄田は「孤立無業（Solitary Non-Employed Persons、ＳＮＥＰ（スネップ））」の概念を提唱し、就業と社会的孤立を同時に目配りし検証している。[*2] ＳＮＥＰとは「20歳以上59歳以下の在学中を除く未婚無業者のうち、ふだんずっと一人か、一緒にいる人が家族以外にいない人々」を指す。

この分析概念の鍵となるのは、「孤立」だ。これはニートの定義とは決定的に異なる。ニートは「15～34歳の非労働力人口のうち家事も通学も職業訓練もしていない人」と定義され、総務省「労働力調査」に沿った就労を軸とする労働経済の概念である。

これに対し、孤立無業は他人とのつきあいの有無が眼目である。他人との交流を持たないがゆえに、通常その姿が認識されない人々を可視化する分析概念といえる。私見では、近年高齢化が指摘される無業者問題を検証するにあたり、孤立無業はニート以上に現実味のある年齢設定だ。いわゆる高齢ニートや、高齢未婚者の孤立問題等を検証する上でも示唆に富む概念といえる。

2011年現在、60歳未満の未婚無業者は255・9万人で、その6割以上を占める162・3万人が孤立無業だという。一方、ニートは60万人、フリーターは176万人と近年減少傾向にあるが、彼らは安定した職を得たというより、単に35歳を超えて統計上の区分から消えただけかもしれないとの指摘もある。失業率が低下した時期にも、孤立無業は増加の一途をたどっているというので、失業以上に「孤立」が与える生活への影響が示唆される。

玄田によれば、SNEPは男性に多く見られるが、これは①未婚率は男性で顕著に高いこと。②就労の場からいったんこぼれ落ちると男性の方が社会的に孤立しやすいこと。以上2点の理由によると推測される。

また、男性の孤立としてかねてより精神医学分野で注目されてきた「ひきこもり」も、圧倒的に男性が多いことが指摘される。2008年5月東京都青少年・治安対策本部「実態調査からみるひきこもる若者のこころ　平成19年若年者自立支援調査研究報告書」によれば、都内の若年（15～34歳）ひきこもりの人数は推計2万5000人とされる。[*3]

興味深いことに、同調査では「ひきこもり群」[*4]、つまり現実的にひきこもって暮らしている人の男女比は7対3で男性が圧倒的に多いが、「ひきこもり親和群」[*5]、つまり、ひきこもりへの寛容と理解を示す男女比は逆転し、3対7で女性が圧倒的に多くなる点である。

つまり、男性はひきこもりに対して厳しい考えを持つが、現実的にひきこもりになってしまう傾向が高く、これに対し女性はひきこもりに対し寛容だが、現実的にひきこもりになる傾向は男性よりも低いということになる。

男性は、就業など対社会的な緊張が女性より高いため、「絶対に社会に適応し就業せねばならない」というプレッシャーも相対的に女性より高い。一方で、なんらかのかたちで挫折を覚えた場合、退避してひきこもりに陥る可能性も女性より高いのである。

では、その挫折の経験とは何かといえば、やはり就業をめぐるものが多い。内閣府、2016年「若者の意識に関する調査（ひきこもりに関する実態調査）」によれば、

15~39歳のうち広義のひきこもりの推計数は54万1千人となり、ひきこもったきっかけは、「職場になじめなかった」23・7%、「病気」23・7%が同率1位となり、次いで「就職活動がうまくいかなかった」20・3%となっている。

究極の「居場所なき男」ホームレス

日本では、男性は就業問題につまずくと、社会参加が極度に困難になってしまう。その端的な例が、ホームレス問題である。日本は、ホームレスの男女比が、極端に男性に偏った国だと指摘されている。

厚生労働省、2019年「ホームレスの実態に関する全国調査（概数調査）結果」によれば、ホームレスが確認された自治体は、275市区町村で人数は4555人。そのうち男性4253人、女性171人、目視により服を着込んでいるなどして性別不明は313人で、男性が9割を超える。

この点を、明治学院大学教授のトム・ギルは、「ホームレス女性の一部が、ホームレス男性が集まる居住地域に近づかないことで、人目につきにくいという可能性を忘れてはいけない」が、それにもかかわらず、データを参照すれば、「住居あるいはシェルターに暮らしていない人という狭義のホームレスのうち、95%以上が男性」ということが示唆されるという。[*6]

他の先進諸国でも、男性の方が女性よりもホームレスになる可能性が高いが、たとえば英米でも男性比率は7割ほどで、日本ほど男性比率が突出して不均衡な国は他にないという。これは、男性が仕事をなくすと、文字通り「すべてをなくしてしまう」傾向を端的に表している。

中高年未婚男性は「マイノリティと見られないマイノリティ」

近年、中高年男性の社会的孤立と、それにともなうさまざまな問題点について警鐘を鳴らす研究報告が目立つようになった。みずほ情報総研主席研究員の藤森克彦は、「中高年単身男性問題」について、次のように分析している。[*7]

2010年現在、全国の単身世帯数は1678万世帯となり、総人口の13・1％が「一人暮らし」といえる。さらに全世帯に占める単身世帯は32％であり、3世帯に1世帯となった。現在、世帯類型で一番多いのも、単身世帯である。一方、これまで多数派と考えられてきた「標準世帯」つまり、「夫婦と子どもから成る世帯」は28％となり、もはや「標準的」とはいえなくなってきている。

さらに、2035年には、単身世帯数が全世帯に占める割合は37％と4割近くなり、一方標準世帯は全体の23％まで減少すると見込まれる。そして、藤森は今後年齢階層ごとの単身世帯の増減が大きい点に注目し、次のように指摘している。

現在、男性の単身世帯で最も多いのは20代である（図8）。それは、就学や就業などで親元を離れ一人暮らしを始める若者が多いことに起因する。それが、30代以降には、年齢階層が上がるにつれて結婚して二人以上世帯となっていく傾向が見られる。一方、女性は現在20代と70代で単身世帯が多い。これは、若年層は男性と同じく就学や就業で一人暮らしをする者が増えるからだが、70代以上になると、平均寿命が男性よりも長い女性は、配偶者との死別により単身世帯となる人が増加することに起因する。

しかしながら、２０３０年にこの単身世帯の年齢構成は大きく変化する。少子化のため20代の単身世帯数は男女ともに大きく減少し、それに代わって男性で最も多い単身世帯数を抱えるのは50代となり、60代も増加。一方、女性で単身世帯が最も多いのは80歳以上で２５６万世帯となるが、これは２０１０年の2倍の水準だという。

50代・60代男性で単身世帯が増加する最大の要因は、やはり未婚化の進展である。２０１０年時点で50代男性に占める割合は17・０％であったが、２０３０年には25・2％まで上昇すると予測される。また、60代男性の未婚者割合は、２０１０年の９・

図3　男女別・年齢階層別の単身世帯数

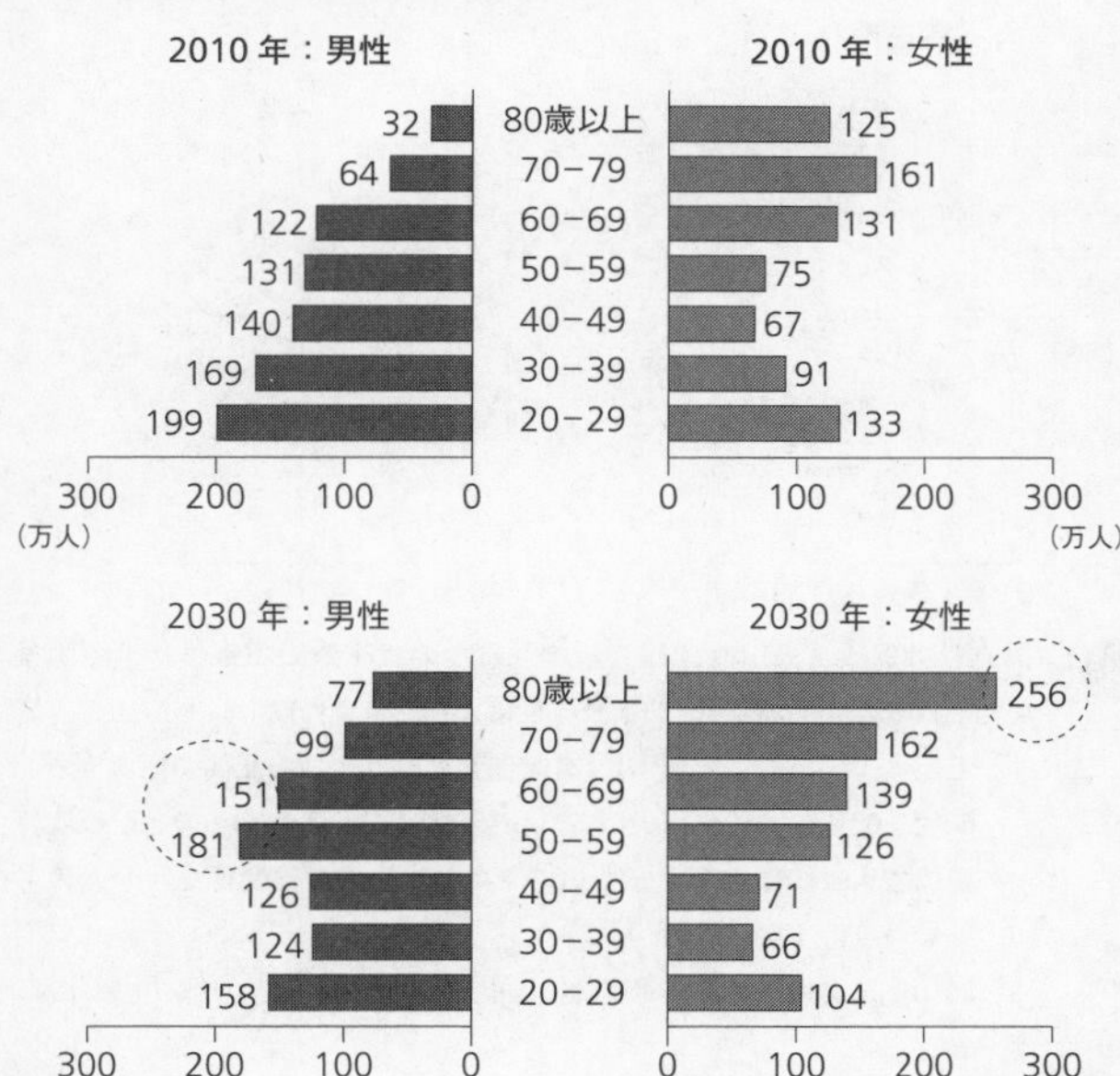

資料：2010年は総務省「国勢調査」（実績値）．2030年は国立社会保障・人口問題研究所「日本の世帯数の将来推計（全国推計）」（2013年1月推計）による将来推計に基づき，みずほ情報総研作成．

出典：藤森論文

図４　50代と60代の年齢別人口に占める「未婚者」と「死離別者」の割合―将来推計

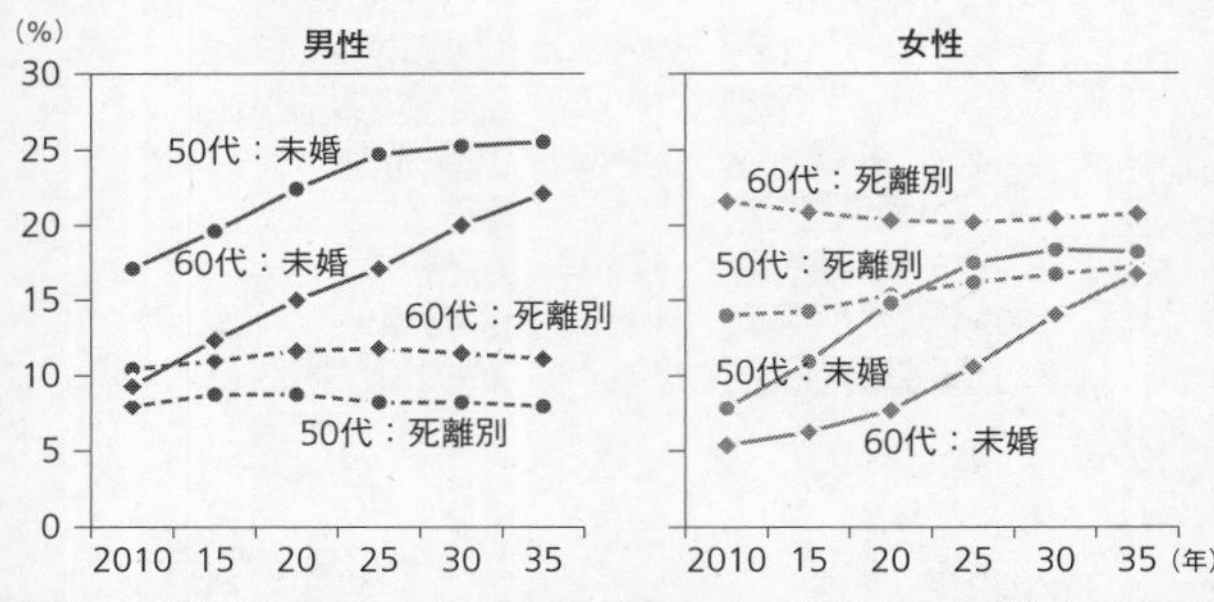

資料：国立社会保障・人口問題研究所編『日本の世帯数の将来推計（全国推計）』（2013年１月推計）（結果表４）により．筆者作成．

注：１）上記は，「未婚」「死離別」「有配偶」という３つの配偶関係のうち，50代と60代の各年代別人口について「未婚」「死離別」の各配偶関係に属す人々の割合を示したもの．単身世帯の配偶関係を示したのではない点に注意．

２）2010年は実績値．2015年以降は推計値．

出典：藤森論文

1％から2030年には19・2％と2倍以上の増加が見込まれているという（図3）。

中高年未婚男性の増加は、そのまま未婚高齢者の増加に直結する。65歳以上の未婚者は、2010年の120万人から、2030年には314万人へと、20年で2・6倍にもなると見込まれる。未婚単身高齢者は、配偶者も子どももいないことから、老後に家族を頼ることは難しい。この指摘は、先に述べた山田の「家族難民」と同様である。

藤森はさらに、単身世帯の抱え込みやすいリスクについて、①健康上のリスク、②要介護となった場合のリスク、③社会的に孤立するリスク、④貧困のリスク、以上4点から詳細に分析している。これらは、男女ともに抱え得るリスクではあるが、私見では、女性に比して男性が深刻なリスクは、③社会的に孤立するリスクと考えられる。これは、繰り返し検証してきたように、地域社会での居場所のなさや、助けを訴えることの困難さ、さらに就業を通じた以外の社会参加が女性より乏しい点に求められる。

男性は無業者となると、あらゆるリスクが跳ね上がるが、藤森によれば40代単身男性の約12％、50代単身男性の約18％が無業者となっている。*8 これは、社会的孤立リスクと貧困リスクの複合的高リスク群といえるのではないか。先にも述べたように、無業者やパート・アルバイトなどの不安定雇用にある者は結婚しにくく、また結婚生活を維持しにくく、結果的に未婚単身者として老後を迎えるリスクが高い。それゆえ、要介護となった場合のケア不足・貧困・社会的孤立が集積して現れる可能性が高いことが示唆される

藤森は、次のように指摘する。「これまで中高年男性は「現役世代」であるため、公的支援の対象になりにくく、行政の目も届きにくい面があった」。だが、今後は「中高年の単身世帯では様々なリスクが高まる可能性がある」。そこで「健康、要介護、社会的孤立、貧困といった点から、中高年の単身世帯を中心に、まずは実態把握をしていくこと」が求められる。とくに、「世帯類型別にみた男女別・年齢階層別の健康データ」を改善し、「例えば、健康リスクの高い単身世帯を中心に、検診の受診勧奨や保健指導の積極化など」を進める必要性を論じている。

中高年男性は、これまで「働き盛り」、「社会を支える屋台骨」などと考えられてきた。そして、繰り返し述べてきたように、就労さえしていれば、それ以外の社会生活は自ずと整備され、家族によるケアも充分に享受されると考えられてきた。それゆえ、中高年未婚男性に顕著な孤立は、「マイノリティと考えられてこなかったマイノリティ」の抱え込む問題を凝縮している。

「子どもの声への苦情」が示すものとは

近年、地域でのトラブルが頻発しやすくなっているのを耳にする。その端的な例が、子どもの声をうるさいという住民の苦情の増加である。これに対処すべく、2015年4月1日より、東京都環境確保条例にて子どもの声を騒音の規制数値から除外するという条例が施行された。

現行条例は「何人の音も規制基準を超える騒音を発生させてはならない」の対象となっており、子どもの声も数値規制の対象となっている。先行事例として公園の噴水の近くで遊ぶ子どもの声などが規制基準値の50デシベルを超えるとして、東京地裁八王子支部が2007年10月に噴水使用禁止仮処分を出したこともある。

2014年には、東京都が都内62自治体に対して行ったアンケート調査でも、42自治体で「子どもの声」に関する苦情があったという。[*9]このような事態に対し、東京都議会は3月27日、本会議で「子どもの声」を都の騒音条例の数値規制の対象から外す東京都環境確保条例改正案を全会一致で可決した。

諸外国の対応としては、ドイツの連邦議会での事例がよく引き合いに出される。2011年5月26日、同議会は「連邦環境汚染防止法」を改正し、「乳幼児・児童保育施設及び児童遊戯施設から発生する子どもの騒音への特権付与法」を可決したという。[*10]

これにより、保育施設や遊戯施設から発生する子どもの騒音についての損害賠償請求が禁止された。それに先立って２０１０年２月には「ベルリン州環境侵害防止法」が改正され、子どもが発する音は成長の表現として保護すべきものであり、社会的相当性があるため受忍の限度内であることが明確化された。「子どもの声」のみならず、それに付属して発生する音についても、保護の対象とされたのである。

２０１５年春より、筆者はＮＨＫ総合テレビの『ＮＥＷＳ ＷＥＢ』という番組のネットナビゲーターを務めている。これは、コメンテイター兼、視聴者のツイッター上の「つぶやき」をつなぐ役目である。同番組の２０１５年３月31日放送回で取り上げたのは、この都条例の施行であった。

識者による解説では、子どもの声への苦情は２０１３年以降急激に増加したという。苦情を発する人の多くは高齢夫婦や単身者である。静かに暮らしたいと思っているのに、新たに保育所や幼稚園などの施設が建てられるのはたまらない……といった理由から、新しく児童施設が建設されるのに反対する声も多いという。

ちなみに、「騒音」のレベルは、番組解説を寄せてくださった騒音計メーカーリオン株式会社取締役の吉川教治さんによると、40デシベルで「コオロギの鳴き声」。普通の会話を2～3メートル離れたところで計測すると、だいたい45デシベルを超えている。粛々と社員が紙をめくっているような「静かな事務所」では45デシベルくらいだが、電話があちこちで鳴っているような「騒がしい事務所」では60~70デシベルくらいだという。少なくとも、子どもが笑ったり飛び跳ねたりしているようなところは、さすがに「静かな事務所」の音量を凌いでいることは想像に難くない。

もちろん、音の量は音の発生源と計測ポイントなどいくつかの条件が影響するため、何の音ならどの水準と決まるわけではないので、これはあくまでも目安となる。

番組に寄せられた声は、「子どもが大きな声を出すのは当たり前では」といった好意的なものも多数みられたが、現在の少子高齢化を反映してか「育児がひとごとなのでは」「駐車する保護者の車も多くて大迷惑している」「事前に何の説明もなく「建てます!」はないのでは」等が寄せられた。

たしかに、筆者も子どもの小学校の行事の際は自動車や自転車で乗り付けることを控えるよう指導されるし、交通安全の見地からも、大勢の保護者が一堂に車で乗り付けるような事態は問題と考える。利用者は近隣住民に配慮してマナー違反は慎むべきだし、公共施設であれば、建設前にきちんと説明する必要もあるだろう。

ただ、以前から少々気になることもあった。それは、この子どもへの苦情を発する人たちの心情を、もう少し精査する必要があるのではないか、という点である。

「居場所のない男」問題

私も居住地域の子育て支援NPO活動の中で、公共施設などでの子どもの騒音をめぐる話はたびたび耳にしてきた。子どもが騒いでうるさいからと、コミュニティセンターなどによっては「小学生以下出入り禁止」になってしまったところもある。図書館も絵本コーナーがあるので子どもが多いが、子どもがうるさいという苦情は絶えないと聞く。

公共施設で苦情を発する人たちは、ほぼ高齢男性だという。言われてみれば、コミュニティセンターは一日中囲碁や将棋をさす高齢男性であふれ、図書館も一日中新聞や雑誌を読む高齢男性だらけである。

ふと、考えた。この人たちは、どうして一日中ここにいるのだろうか、と。新聞や雑誌でどうしても読みたい記事がある？　どうしても将棋が指したい？　もちろん、それもあるだろう。

だが私見では、たとえば図書館で半ばうたた寝をしながらゆっくり紙面をめくっていく彼らの全員が、調べ物があって切迫した理由から図書館に来ている人たちには見えなかった。私も長年大学の専門図書館や地下書庫に通ってきた身である。論文などを書くため、締め切りに追われて調べ物をしている人が背中から発する、独特のぴりぴりした緊張感はよく分かる。

そうだ、高齢男性は、本当にほかに居場所がないのだ。

そう思ってから、高齢男性から寄せられる「子どもの声への苦情」に込められた悲痛さが気になっていた。この問題は子どもへの騒音を特別扱いするだけではなく、高齢男性の居場所作りを行わなければ、根本的な解決はないのではないか。

子どもへの苦情が増加した2013年は、団塊世代が本格的に引退しだした年である。団塊世代は、「昼間居住地域にいない」サラリーマン男性が、層として存在感を増した最初の世代でもある。彼らは今まで仕事に邁進し、子育ては専業主婦の妻に一任し、そしてこれまで昼間の地域コミュニティの実態を知らずに過ごしてきた人たちだ。

その彼らが、急に大量に地域コミュニティに帰ってきた。いや、今まで時空間分離の生活をしてきたので、突如登場したともいえる。近隣住民の顔も知らないし馴染みもない彼らには、子どもの声はひたすら「騒音」に聞こえるのかもしれない。

本書をお読みの男性読者諸兄は、どうお考えになるだろうか。

貴兄が現役のサラリーマンであるならば、おそらく日々忙しく仕事をこなし、孤立など思いもよらないかもしれない。でも、その職業生活はかならず終わりが来る。そのとき、貴兄は居住地域に居場所はあるだろうか。仕事関係を抜きにした、純粋な趣味友だちはいるだろうか。

貴兄が病気になった時、あるいは家族が要介護になったとき、「弱み」を見せられる相手はいるだろうか。仕事がうまくいっていないときにでも、気軽に会える相手はいるだろうか。この国の男性は、「現役」で仕事をしていればすべて上手く回っていくとされるが、裏返せば、仕事を失うとすべてを失うリスクが極めて高い。

退職後の自分の人生など考えたこともない、という貴兄にこそ、立ち止まって考えていただきたい。自宅では妻に鬱陶しがられて居場所がなく、近隣の図書館などで日がな一日新聞紙面をめくり、子どもの声がうるさいと市役所にクレームを入れる時くらいしか他人とのコミュニケーション機会がない……。

そんな老後は、果たして幸福だろうか。だが、放っておけばそのリスクが非常に高いのが、この国の男性である。そうならないためにも、引退する前から、少しずつ地域コミュニティへ参加し、あるいは仕事以外のつながりを積極的に作っていくことを、心からお勧めしたい。現在も、日本社会は男性の「就労」には積極的だが、男性の「幸福」には無頓着なように見える。その歪みが、さまざまな方面で噴出しているように思えてならない。

すでに「超」のつく高齢社会となった日本で、孤立した高齢者が増加することは、地域社会全体の幸福度を低下させる危険がある。これを回避し、幸福なお年寄りが増えることを願ってやまない。

＊1　千本暁子、1990年「日本における性別役割分業の形成　家計調査をとおして」『制度としての〈女〉　性・産・家族の比較社会史』平凡社、187―228頁。

＊2　玄田有史、2013年『孤立無業（SNEP）』日本経済新聞出版社。

＊3　同調査によるひきこもりの定義は、「さまざまな要因によって、社会的な参加の場面がせばまり、就労や就学などの自宅以外の生活の場が長期にわたって失われている状態」を基本とし、対象者の年齢階層は15～34歳である。なお、都立高校対象の調査のみ、2006年度間に在籍した生徒のうち、6カ月以上連続して欠席し、かつ前記の状態にある者としている。

＊4　「ひきこもり群」の定義は、「ふだんは家にいるが、自分の趣味に関する用事のときだけ外出する」「ふだんは家にいるが、近所のコンビニには出かける」「自室からは出るが、家からは出ない」「自室からほとんど出ない」を選択した者のうち、専業主婦などを除く、とされる。

＊5　「ひきこもり親和群」の定義は、「ひきこもりへの親和性」の項目（「自室に閉じこもっている人の気持ちがわかる」「家や自室に閉じこもりたいと思うことがある」「嫌な出来事があると外に出たくなくなる」「理由があれば家や自室に閉じこもるのも仕方がない」）の得点数を基に分類したもの。

＊6　トム・ギル、2013年「日本の都市路上に散った男らしさ　ホームレス男性にとっての自立の意味」『日本人の「男らしさ」サムライからオタクまで「男性性」の変遷を追う』明石書店、175―202頁。

＊7　藤森克彦、2015年3月「一人暮らし中高年男性の増加とそれに伴うリスクの高まり」『公衆衛生』Vol. 79, No. 3, 159―165頁。

＊8　藤森克彦、2019年9月「単身世帯の増加と求めらる社会政策の強化」『月刊DIO』公益財団法人連合総合生活開発研究所。

＊9　安積明子、2015年3月30日「『子どもの声を嫌う人』と折り合う道はあるか」『東洋経済オンライン』。

＊10　2011年『ジュリスト1424号』有斐閣、87頁。

第2部　時間のない女

だ。

「母の生活時間」を歩んでみて

個人的なことで恐縮だが、私は子どもが産まれてからこの7年間、時間に追われ続けである。正直、自分の時間管理能力のなさには、日々絶望している。個人的な能力不足もさることながら、日本の育児は本当に、母親にとって毎日が「時間との闘い」だ。

息子が3歳になるまで、私は毎日育児日記をつけていた。これを読み返すと、当時の切迫した時間配分がありありと思い出される。日記には授乳時間、おむつ交換の時間、尿と便の別などを書く欄があり、子どもの体調変化を見るのに便利だった。夫に子どもを任せて仕事に出たときには夫に記録をつけてもらい、留守中どう過ごしていたかの情報交換にも利用していた。

正直生後2カ月くらいまで、2～3時間置きに授乳が必要だった時期の記憶がない。

産後4カ月くらいまで4時間以上連続で寝られた日もなかったので、意識も朦朧としていたように思う。

育児日記を読むと、たとえば生後17日目は、夜中1時、3時、5時、7時半、10時半、午後の1時、2時半、4時、6時、7時授乳。おむつ交換は夜中1時、3時、5時、7時半、10時半、午後1時、2時半、4時、6時、7時におしっこで、朝5時、7時半、10時半、夕方6時にうんちをして交換と書いてある。そして、夜中1時から5時までぐずり、昼1時から6時までぐずり続け……となっている。だいたいこの時期は、子どもは1日10回程度の授乳とおむつ交換、さらに毎日5~9時間程度ぐずっていた。

生後6カ月くらいから離乳食を開始し、おもゆからおかゆ、さらに野菜ペーストを加え、徐々にタンパク質のものを一品ずつ増やし……という経過も書いてある。離乳食から幼児食に変えていく過程でも、アレルギーが出ないかどうか、食べたものもすべて記録していた。

何もそこまで……と夫に言われたが、何せ若葉マークの子育てである。後述するが、我と我が身を振り返っても、母親の心配性を増幅するような育児言説にあふれたこの国で、子どもについての心配の種は尽きない。少なくとも記録しておけば、仕事中に自分の頭から心配の原因を切り離しておける……、という切実な理由もあった。

この時期も、仕事のペースはまったく落とさなかった。

女性の産休、それに男女とも育休は取得すべき権利であるとあちこちで話している身で恐縮だが、私の産休は「実質3日」であった。締め切り間際の原稿を2本仕上げたところで陣痛が来たので、慌てて次の書籍原稿を印刷し、それを入院準備鞄に詰めて産院に行った。

初産は、だいたい陣痛が来てから出産まで12～15時間かかると聞いていたのだが、入院が長引くと差額ベッド代がかかるので、妊娠後期は「とにかく早く産まれてくれ……」とお腹をさすりながら念じ続けていた。その甲斐あってか、陣痛が来てからわずか6時間、分娩室に入ったら15分の超安産だった。おかげで体力的にも消耗せずに済み、産み終えた後陣痛が引いたら原稿に赤入れをしていた。

今でも、丈夫かつ高速で産まれてくれた息子には、心から感謝している。風邪を引いたときよりも短い、「産休」であった。もちろん、看護師さんには怒られた。これから産む女性のみなさまには、こんなデタラメなお産は「ダメ、絶対。」である。

タイミング良くというか悪くというか、当時の書籍担当編集者も激務がたたってか入院してしまったので、自分が入院している産院から編集者の入院先の病院に携帯電話で連絡を取り合い、進行していた。本当に、日本の会社員のみなさんは働き過ぎだと思う。

お産は本当に、人それぞれだということも痛感した。両親学級でご一緒した方には、つわりがひどくて7キロも体重が落ちたという人や、全身に妊娠性の湿疹が出てしまったという人もいた。私は本当に幸運なことに、初期にほんの少し、朝方だるさや吐き気が出たくらいで済んだ。

当時筆者は非常勤講師で、しかも子どもが2歳くらいまでは、大学よりも専門学校の講義の方が多かった。このため他の講師が病気で休んでしまった場合などはその分もカバーせざるを得ず、多いときで朝9時から夜9時まで講義していた。座って講義をするのが禁止の学校だったので、移動も含めて立ちっぱなしである。よくもったと思うが、私の場合に関しては、立って話しているほうがつわりの吐き気を感じなくなるので、かえって助かったのを覚えている。

大学の講義も、非常勤講師の立場では産休など取得できない。仕事を続けるために、産後1カ月半で講義に復帰した。子どもの首が据わるのは、だいたい生後3カ月くらいからである。この時期にあまり連れ回したくはなかったが、近くの公営保育所の一時保育の受け入れは、「首が据わったかどうか」が目安であるため、当初利用できなかった。だからこの時期は大学構内の認証保育所で、生後75日から預かってくれるところを利用していた。料金は公営一時保育所の3倍ほどだったが、それでも本当に助かった。

綱渡りのように産んで、育てて、働いていると、自分の時間が基本的にはほぼないことに気づく。落ち着いて原稿を書きたいとき、じっくり論文に取り組みたいとき、時間は「盗まなくては確保できない」と、日常的に考えている自分に気づいた。

でも、どこから？

それはおそらく、際限なく時間を要求する日本の母役割規範からだろう。

日本の母は育児の手間が多く、責任も重い

仕事と育児の両立は難しい。そのことは、骨の髄から実感している。育児には愛情がともなって当たり前と思われているが、愛情も慢性的睡眠不足の前には無力である。ただ筆者の場合、頻回授乳や長時間のぐずりが続いた時期は、むしろ仕事があることが本当にありがたかった。育児に終わりはないが、仕事に終わりはある。そのことに、精神的にどれほど救われたか分からない。育児も介護も、ケアワークの最大のつらさは、日常と地続きで、かつ終わりが見えない点にあると思う。

実際日本の母親には、終わりがなく、そのため際限なく時間を吸い取られていく作業に、心からの愛情をもって当たれなければ「母親失格」の烙印が待っている。調査結果に鑑みても、日本の母親に要求される文化規範は根強く、「良き母」へのプレッシャーは強い。

たとえば、育児言説の国際比較を行った論文によれば、日本の母親に要求される育児は「先進国で最も手間数が多い」点と、「父親不在」が大きな特徴だという。[*1]

心理学者のスーザン・D・ハロウェイは、文化や制度と個人の心理との関係から、日本の母に求められる役割規範について検証を加えた。[*2] これによれば、家庭生活に満足している女性の割合は、アメリカ67%、イギリス72%、韓国53%だが、日本は46%と低く、また未婚女性が「結婚したほうが幸せになれる」と考える割合も、アメリカ女性69%に対し日本女性51%と低い点を指摘している。

日本の母親の育児は手間数が多く、それだけ諸外国に比べきめ細やかで、しばしば海外からは賞賛の対象となっている。だが当の日本の母親は、育児に不安を抱いているという。たとえば、「子育てはいつも楽しいか」との問いに対し、アメリカは67%が肯定的であるのに対し、日本は47%。しかも、ほぼ半数の母親が子育てについて自信がないと答えている。先進8カ国の調査でも、日本の母親は子育てに自信がないと答える割合が最も高い。なぜ、これほどまでに意識と実際の手間暇との落差が生じるのだろうか。

ハロウェイは、聞き取り調査や各種の調査報告から、次のように結論づける。「日本の母親たちは子育てに高い基準を求めるがゆえに、子育てをうまくやりおおせるのはとても疲れるものであり、難しいことだと感じている」うえに、「子育てに関する古い文化モデルと新しい文化モデルの間には対立や不一致があり、そのことが、女性自身の行動をふり返り自分自身の基準で自己評価しようとする際に、不安やストレスを感じさせることがある」と。

諸外国に比べてあまりに高すぎる日本の母役割の基準は、多くの女性を苦しめている。そして、自らの不完全さに寛容になれなければ、自分を責め続けることとなる。このような「文化規範の存在が子育てと家庭生活に対する現代の母親の両義的な感情の重要な構成要因となっている」のである。子どもをもつ女性の多くは、母親としてのあり方を自己のアイデンティティの拠り所としているが、一方で高すぎる「普通の母」の役割との落差にも苦しんでいる。

さらにハロウェイは、日本社会がいかに母親の文化規範から逸脱した女性を批判するかは、「驚くほど」の水準と指摘する。たとえば、政治家は日本の低出生率を「女性の怠惰と愛国心のなさ」のせいにするし、ときに子どもを産まない女性は社会貢献していないとみなされ、公然と批判される。医療や教育関係者たちは子どもの病気や問題はそのほとんどが母親の無知や怠惰のせいにしている……等の事例についても言及している。

後述するが、この「女性が子どもを産みたがらないから少子化が止まらない」という、政治家のおじさんたちの意見は、社会構造要因を無視した的外れな批判である。それは、子どもを産むための負担が女性に偏重していることも一因である。父親の家事参加の手薄さ、緊急対応が困難な託児制度などは、この証左であろう。

そういえば、たしかに日本の育児書は手助けがほしいときには、「パパにお手伝いしてもらいましょう」程度の記述しかない。それよりも、本当に大変なときには「ばあばにお任せしましょう」といった記述が目につく。ばあばとは、子どもからすればおばあちゃん、新米ママの実母のことである。

私は、すでに実母は亡く夫の母も持病があるため、気軽に育児をお願いするわけにはいかない。育児資源が潤沢かどうかは、結局家族の条件にかなりの部分左右されてしまうのが日本の現状だ。

子どもが小学校低学年のころまでは、筆者も夫も非常勤講師だった。非正規雇用で働き方も典型労働とはいえない夫婦には、各種施設も身の丈に合わなかった。公営保育所は、実質的には育休を利用中の、昼間定時で働く正社員の母以外は敷居が高い。

筆者の仕事は、先述したように大学よりも専門学校の講義のほうが多く、時間帯は主として夜6時から10時くらいであった。たとえ日中保育所に入れられても、夜間保育も別途手配しなければ対応できない。結局子どもが乳児期に一番利用したのは、夜10時まで預かってくれる近所の公営一時保育所だった。もっとも、これも小学校入学と同時に使えなくなってしまった。

不規則な仕事の多いフリーの物書き兼非常勤講師掛け持ち就業者は、土日や夜間に突発的に仕事が入ることが多い。それまで、筆者は都内の一時保育所マップを頭の中にたたき込み、「どの場所の仕事でこの時間帯ならここ」というのを組み合わせ、綱渡りのように仕事を続けてきた。それが、子どもの就学と同時に白紙になってしまったのである……。

小1プロブレムとは、学童では保育所ほど手厚い保育が受けられないという問題に限らない。公営・民間保育所等の一時保育まで、ほぼ一斉に使用できなくなることを意味する。このため、預け先が見つからず、泣く泣く断った仕事も少なくない。

そうでなくとも、たとえおむつが取れて、大人と同じようなものを食べられるようになって、日常的なお世話は以前ほど必要ではなくなっても、やることは次から次へと出てくるのが育児である。

小学校に入学したら、今度は日常的に宿題をはじめ勉強を見てあげる必要も生じる。習い事に連れて行ったり、PTA活動や保護者会もある。今、文部科学省は「食育」をはじめ家庭教育にも細かく指導をしてくるし、コミュニティ・スクール（学校運営協議会制度）推進によって、ボランティア活動にも参加しなければならない。学校によって頻度は変わるが、防犯や交通安全のため、見回りや集団登下校などのつきそいも求められる。

周知のようにPTAは、もともと戦後間もない1947年に、GHQの要請によって設立されたものである。戦後の民主化や学校制度に与えた影響は大きい。たとえば、学校給食導入などにも大きな役割を果たしてきた。現在その役割は多岐にわたり、地域社会の重要なソーシャルキャピタルの基盤となっている。本来任意加入だが、ある意味子どもという「人質」をとられている感覚から、実質的には半ば強制的に参加させられているという思いの保護者も少なくないだろう。

少し俯瞰してみれば、この国の政策は、多くの問題を女性の時間を「活用」することで解決しようと考えているのが分かる。

たとえば超がつく少子高齢化による生産年齢人口の減少には、「女性の活躍」で就労者の数を増やそうという動きが活発である。地域社会の人間関係の希薄化には、地域に開かれた学校を趣旨とするコミュニティ・スクールによって対応しようという動きがある。この場合、期待されるのは実質的に母親のボランティア・ワークである。

2015年度税制改正（租税特別措置）要望で、「三世代同居に係る税制上の軽減措置の創設」が要望事項にあげられたが、これは介護もできるだけ家族に負担してもらい、高齢者医療関係支出をできるだけ引き下げたいという政府の思惑であろうか。これも、実質的には女性をケア資源として期待しての施策といえる。

思うに、厚生労働省も、経済産業省も、文部科学省も、みなそれぞれ現代日本の問題点を克服するため、良かれと思って政策を提言する。一つひとつは素晴らしい理念にもとづいているが、どれもこれも実現するためには、ひたすら女性の時間をあてにすることになってしまう。

おそらくこの問題は、就労中心の男性の生活スタイルを変えることなく、問題に対処しようとすることから派生している。結論からいえば、今の日本に必要なのは、「女性の活躍」以上に、男性も含めた総合的な就労・家庭生活・地域コミュニティ・余暇のあり方の再編である。これに手をつけず、「対症療法」的な政策に終始しているため、女性の時間ばかりがあてにされてしまうのだろう。このままでは、日本の女性の時間のなさは解消され得ない。

「母の愛情」は、社会の万能薬か

「良き母」たることが重視され、母親が一人で子どもの責任を一手に引き受けるべきという理念が浸透し、さらにそれが社会にとって必要不可欠な要素とみなされること。これは、社会が変化を迎え、さまざまな問題を併発しているとき、不思議と流布する言説のようだ。

たとえば、世界恐慌期の社会不安が高まっていた時期、アメリカでは優生学を背景に「母親の責任(=母性)」に関する議論が過熱した。これを受け、1930年にフーバー大統領は「子供の健康と保護に関するホワイトハウス協議会」を結成。演説では、次のように述べた。

「もしわれわれが、適切に生まれ、適切にしつけられ、適切に教育された、幸福な子供を一世代育てたとしたら、わが政府がかかえている、何千にもおよぶ難題はあらかた消え去るだろう[*3]」

子どもの健康を気遣う「まともな」母親像の強調は、おそらく社会不安への対処が目的だろう。当時は不況によって、中上流階層の家庭はメイドを雇う余裕をなくし、主婦が家事育児を一手に担う必要に迫られていった時期であった。電化製品の普及により、かつての伝統的な家事育児の知恵が役立たなくなっていった時期でもあった。地域社会の人間関係の希薄化が懸念され、改めてコミュニティが問い直されはじめてもいた。

変化とそれにともなう社会不安は、母の愛情で払拭されるべし。

この言説の根底にある思潮は、現在の日本社会にも共通する。あまりにも急速に農村共同体の親族集団から都市郊外型核家族へと変わった日本で、変化にともなう矛盾や問題は、すべて女性の愛情（実質的には自発的無償労働）と時間によって対処することが求められてきた。

あえて言えば、この国の女性は、家族のためにどれだけ時間を差し出すことができるかが、愛情深さのパラメーターとされてしまう。昨今は、有償労働の場で時短勤務や成果主義などが論じられる日本だが、女性の家事育児などの無償労働は、愚直なまでの長時間労働だ。

家事も育児もきめ細やかに愛情をもって自発的に「やって当たり前」。できなければ人格を疑われるほどの非難を浴びるのが、日本の母親である。この終わりのなさと報われなさは、いったいどこから派生したのだろうか。

洋の東西を問わず「お母さんは忙しくなるばかり」

一般に、家事は電化製品の普及などによって、どんどん省力化されていっている、と言われる。「家電製品に囲まれてラクをしている優雅な専業主婦」は、しばしば羨望と揶揄まじりで語られてきた。だがそのイメージは、果たして現実的に妥当だろうか？

たしかにかつての伝統社会のように、薪割りや水汲み、製粉や機織りなどが必要だった時代に比べ、家事は重労働ではなくなってきている。だが一方で、実は女性の家事労働は、一向に軽減されていないという実証研究もある。

科学技術の社会史を専門とするR・S・コーワンは、膨大な資料を参照し、アメリカにおける工業化や電化製品の普及が、女性の家事労働負担を減らしていないどころか、社会状況の変化に柔軟に対応することが求められ続けた結果、負担を増やしていると論じた。

その名も『お母さんは忙しくなるばかり（原題：*More Work for Mother*）』という表題の著作で、コーワンは、次のように述べている。[*4]「一九世紀が終わりに近づくにつれて、家庭労働のどれについても、工業化が男（と子どもたち）の分担していた労働をなくした。同じ過程で、女の仕事はそのままであるかむしろ多くなった」と。

たとえば、靴が工場で作られるようになって、男は家でなめし革作業をする必要がなくなった。陶磁器や錫器も工場製のものが出回ると、男たちは細工仕事をする必要がなくなった。肉かんづめ工業や冷凍輸送の発達は、男性が家畜の肉加工に従事する必要性をなくした。アメリカの中流家庭には、19世紀末までに水の配管が普及し、その結果子どもたちは毎日バケツで水を汲みに行く重労働から解放された。

このように、「家で男の仕事とされていた労働（もともとはこれが男の職業であった）のほとんどが、一九世紀に技術・経済における革新によって消滅し、それまでは子どもたちに割り当てられていた仕事もなくなってしまった」。だが一方、「女の仕事（職業）については、そうはならなかった。機械生産された布は女が糸を紡ぐ必要をなくした」が、「彼女らが裁縫する必要は残った」し、針仕事は「女だけがずっとやってきた仕事であった」。さらに、「工業製品としての布の出現は人々が多くの服を所有しようと望むという現象をともなった」ため、既製服がまだなかったこの時期には、縫い物の量は増加した。

さらに、「工業生産された布はまた、家庭での洗濯の量を増やした。洗濯は、針仕事と同じく、長らく女だけがしなければならない仕事であった」。工業化以前、実は人々が着用していた服の大半は事実上洗えなかったので、洗濯物の量はそれほど多くはなかった。だが、洗濯できる木綿の布が普及したことにより、洗濯物は急増したのである。また、ろうそく作りはなくなったが、油やガスランプの煤払いの仕事がそれに取って代わった。下水の整備は、新たにトイレ掃除の仕事を女性にもたらした。

工業化は、たしかに生活水準を全体的に向上させ、清潔な家庭環境や栄養あるバラエティ豊かな食生活を可能にした。家事労働のパターンは大きく変容した。だが、女性の仕事は一向に減らなかった。男性と子どもたちは、学校に通ったり工場やオフィスで働くことができるようになったが、女性は「食事をつくり、病気の子どもたちを看病し、幼児を育て、服をつくって、繕い、洗濯しなければならなかった」のである。

コーワンは、この日常的に課されるつらい仕事を「チョア（chore）」と呼ぶ。工業化にともない労働が合理化されていく中で、合理化されず評価もされない仕事として取り残された労働といえる。彼女は、次のように述べている。

工業主導へのこの転換は、女には男とはちがったものをもたらした。市販の小麦粉、鋳物ストーブ、公営水道、工場製長靴は、女たちを労働から解放しなかった。これらの商品により、男と少年が家から出られるようになったけれども、これと同時に、女だけがする新たな仕事がいくつも出現し、女たちはそれまでよりもずっと強く家や鋳鉄ストーブに縛りつけられるようになった。エンゼルケーキ、イチゴジャム、洗濯のきいた布、アイロンでつけたプリーツ、酵母パンといったものは、家族に安楽で好ましい生活をもたらしたであろうが、女たちを家で働き続けるように束縛した。（中略）女がいないと、食事は不規則になり、幼児が死亡する確率が高くなり、衣服は汚くなり、家の手入れが悪くなった。成長した娘も、家庭に必要であった（少なくとも、結婚するまでは）。使用人がいないので、母を助ける人が娘のほかになかったからである。女の子たちは、母親がやっている手仕事を学んだ。これは、男の子が父親がやっていた仕事を受け継がなかったのと対照的である。このように、男女別領域の教義において、女は家庭および家庭生活のやすらぎと同一視された。これが、親子関係の毎日のパターンとして、セメントで固めたようにしっかりと固定されたのである。

この状況は、残念ながら20世紀に入ってからも改善されることはなかった。さらに、一般に流布している「工業化によって家庭ですることがなくなった主婦」像のイメージは、女性たちをいっそう時間的にも心理的にも追い詰めていった。コーワンは述べる。「夫たちは、彼らの妻たちが取るに足らない仕事で長い時間を過ごしていると思っていて、『お前、一日いったい何かをしたのかね？』と、文句を言う。主婦の方は、なぜ自分たちがいつもへとへとに疲れているかをうまく説明できないのである」[*5]と。

さらに20世紀も半ばを過ぎ、戦後に居住地が郊外へと移り、職住分離が一般化すると、通勤する夫のため、主婦は1日中家にいて、家族の幸福を守り、家を維持する仕事に従事するようになった。自動車が普及すると、自動車で移動できる範囲が生活領域になり、自動車を使用しての買い物や子どもの学校や習い事への送り迎えも、主婦の新たな役割になった。

女性は家族の「時間財」

家電製品をはじめとする家事のテクノロジーは、基本的にこの「つねに家にいる主婦」を前提として作られているため、女性の家事時間は一向に減らない。それどころか、変化する家庭生活や家事の方法に対し柔軟な変更を要請されるのは、つねに女性の受け持つ家事に大幅に偏ってきた。これは、女性が有償労働に従事するようになっても変わらなかった。

この点は、A・R・ホックシールド『セカンド・シフト』[*6]に詳しい。共働き世帯が増加し、女性が外で働いて帰宅しても、待っているのはくつろぎややすらぎではなく、「次の仕事(セカンド・シフト)」。家族のケアに奔走する女性の時間は、際限なく削られていく過酷な現実が待っている……。

以上見てきたように、家事のテクノロジーの進化は、家事のやり方を変え省力化する一方で、毎日の家事の水準を大幅に上昇させた。テクノロジーが進化する前は、あえてする必要はないとされた贅沢が、一般化したためである。

たとえば、毎日洗濯された真っ白な衣服に、アイロンのきいたシャツ、清潔な水回りなどは、テクノロジーが普及するまでは決して庶民には入手できないものであった。そしてテクノロジーの向上によって、アウトソーシング可能となったものはあっても、手間がかかり評価もされない「チョア」はつねに残されていた。それゆえ、たとえ共働きが多数派を占めるようになった現在でも、家事育児の負担は女性偏重のままとなっている。

この、家事のテクノロジーと、主婦の労力とのいたちごっこは、いったいどこに起因するのだろう？　私はこの点に関し、「女性は家族の「時間財」」としてみなされてきたことが要因と考える。19世紀以降、賃労働が重視され、家庭内でなされてきた仕事のうち、男性が担ってきた分野はどんどんアウトソーシング可能になった。だが、一方女性の「チョア」は一向に減らないどころか、変化する社会に対し柔軟に時間を差し出し、対応を要請されてきたのは、つねに女性であった。

あえて言えば、女性の時間は女性個人のものではなく、家族の共有財産であると考えられているのではないのか。それゆえ、変化する社会の中で、より価値ある社会資源（貨幣や社会的地位）などに直結する社会活動参加は男性中心に行われ、その分新たに生じた価値の低い「チョア」はいつまでも女性が対応を要請されてきた。そしてそれは、「愛情」をもって「自発的に」なされるべきものともされてきた。

だが、待てよ、と思う。人間、持って生まれた寿命とは「時間」であり、好きに使える時間の量こそが、どれだけ自分の人生を生きたかを決定するのではないか。たしかに、女性の平均寿命は男性よりも長い傾向があるが、「自分が生涯のうちで自由に使い得る時間」は、男性よりずっと短いように思える。

日本語の「後家楽」、つまり女性は夫が死んでようやく楽ができる……とはよく言ったものである。夫が死んでケア義務のある対象がすべていなくなってから、女性はようやく、自分の時間を獲得することができるのだ。第1部で指摘した、日本の男女の寿命格差の長さ（約6年）は、もしかしたらようやく「自由時間」を手に入れた女性が、できるだけ長くこのときを堪能したいという思いも反映しているのではないか……、などと穿った見方をしたくもなる。

さて、コーワンが指摘するアメリカ人女性の時間配分以上に、日本の女性の家事労働時間は長く、手間数は多く、期待される母や妻の役割規範も強固である。そこで、次章では日本女性の日常生活時間を検証してみたい。

＊1　恒吉僚子、サラーン・スペンス・ブーコック、1997年『育児の国際比較　子どもと社会と親たち』日本放送出版協会。

＊2　スーザン・D・ハロウェイ著、高橋登・清水民子・瓜生淑子訳、2014年『少子化時代の「良妻賢母」　変容する現代日本の女性と家族』新曜社、6—9頁。

＊3　原克、2009年『アップルパイ神話の時代　アメリカモダンな主婦の誕生』岩波書店。

＊4　ルース・シュウォーツ・コーワン著、高橋雄造訳、2010年『お母さんは忙しくなるばかり　家事労働とテクノロジーの社会史』法政大学出版局、64—69頁。

＊5　コーワン、前掲書、72頁。

＊6　アーリー・ホックシールド著、田中和子訳、1990年『セカンド・シフト　第二の勤務　アメリカ共働き革命のいま』朝日新聞社。

第２章　日本女性の「時間貧困」

「暇な主婦」は幻想である

第１部で、私は日本の男性の問題の特徴を「関係貧困」ととらえた。一方、日本の女性の問題は、「時間貧困」と考えるべきである。

よく、ランチタイムにママ友同士、優雅に高級フレンチのランチコースを頼む主婦たちや、カフェでくつろぐマダムのみなさんがメディアに躍り、男性サラリーマン諸氏は街中でそんな雰囲気の女性たちを横目で見ながら、「女って暇でいいよな……」とつぶやきながら、立ち食いそばや牛丼屋で昼食を流し込む……という構図が見られる。

だが、この「昼間優雅に過ごしている」かに見える女性たちは、実は「集まれるのはこの時間帯だけ」である点に注意が必要である。女性たちは、「昼間から暇」なのではない。「昼間の、子どもが学校や幼稚園などに行っている間だけが唯一の休憩時間」なのである。

基本的に、「ケアすべき対象＝家族」がいるあいだは、女性にとって家庭にいるときも労働時間なのである。だが、男性はそれを「働いている」とはみなしていない……この認識の落差についてはすでに第1章で指摘したが、本章でももう少し詳細に検証したい。さらに、生活時間・空間のずれは、「忙しい時間帯」の時間差も生む。これが、男性が主婦を暇とみなしたがる要因ともなっているように見える。

日本の女性は、就労率は他の先進諸国に比べて低く、有償時間も長くはない。だが、有償労働と無償労働時間を合算した「総労働時間」は、長時間労働が指摘される日本男性よりも長くなる。しかも、究極の休憩時間である睡眠時間は、男性より女性のほうが短い。先進諸国で男性より女性の睡眠時間が短いのは珍しい傾向である。

つまり、昼間カフェやレストランにいる主婦を冷たい目で見るサラリーマンとは、「昼間の就労シフトを組んでいる労働者が、自分より朝早くから夜遅くまで働くシフトの労働者のわずかばかりの休憩時間を、暇そうでいいなと蔑む」ような、不毛なものなのである。

さて、日本人の有償労働時間に関しては、近年是正されてはきているものの、先進諸国の中では長時間である。ＯＥＣＤの発表した就労者の年間総労働時間の国際比較によれば、日本の就労者の平均年間労働時間は1680時間と、OECD諸国平均（1734時間）を下回ったものの、デンマーク（1392時間）、スウェーデン（1474時間）といった北欧諸国や、フランス（1520時間）、イギリス（1538時間）、ドイツ（1363時間）、オランダ（1433時間）といったヨーロッパ諸国に比較すると長い。[*1]

ただし、正規雇用者の男性に関して見ると、総務省「社会生活基本調査」で見られる総労働時間は、80年代から2000年代にかけそれほど変化はない。たしかに全体として労働時間は低下傾向にあるが、現在日本の被雇用者に占める非正規雇用者は4割となってきているため、この「時短」は法規制の影響もあるが、就労上の「地位」の変化による効果が大きいと考えてよい。

今なお「男性」「正規雇用者」「年間就業日数200日以上」のうち、「週60時間以上」働いている者の合計は、全体の14・4％で、同じく正規雇用の女性でこの労働時間階層の者は6・3％となっている。[*2]

参考までに、もう少し雇用上の地位を細分化したデータを参照したい。リクルートワークス研究所「ワーキングパーソン調査」（2014年）を見てみると、「男性」「正社員・正職員」では、30代から50代にかけて、週あたりの労働時間で一番多い層は「50～55時間未満」で、とりわけ「子育て世代」である30～40代の長時間労働が浮き彫りになっている。

同属性30代前半で、「週50～55時間未満」23・5％、「週55～60時間未満」「週60～70時間」「70時間以上」(以下、週55時間以上合計）の合計は18・7％、同30代後半「週50～55時間未満」22・9％、「週55時間以上合計」18％、40代「週50～55時間未満」22・7％、「週55時間以上合計」16・2％となる。

つまり、日本の正社員の男性は、30～40代で1日10時間から11時間働く人が4人に1人、それ以上働く人は5人に1人となる。一方、「正社員・正職員」の女性で圧倒的に多いのは全年齢階層「40～45時間未満」で、20代から50代までの5割がこの時間帯の就労となる。平日8時間就労の「定時に帰る女子社員」の図が透けて見えるが、後述するように無償労働時間を合計した女性の総労働時間は男性よりも長い。

繰り返し指摘してきたように、日本で男性の長時間労働を可能とするのは、「男性が外で働き、女性が家庭で家事育児を一手に引き受ける」という「性別分業」である。生活時間の使い方には、この特性が色濃く反映されている。

2016年「社会生活基本調査」（総務省）を見ると、日本人の生活時間は、性別・既婚・未婚の別で異なる特徴を見せる。*3

図１　男女別仕事時間の推移（1986〜2016年）

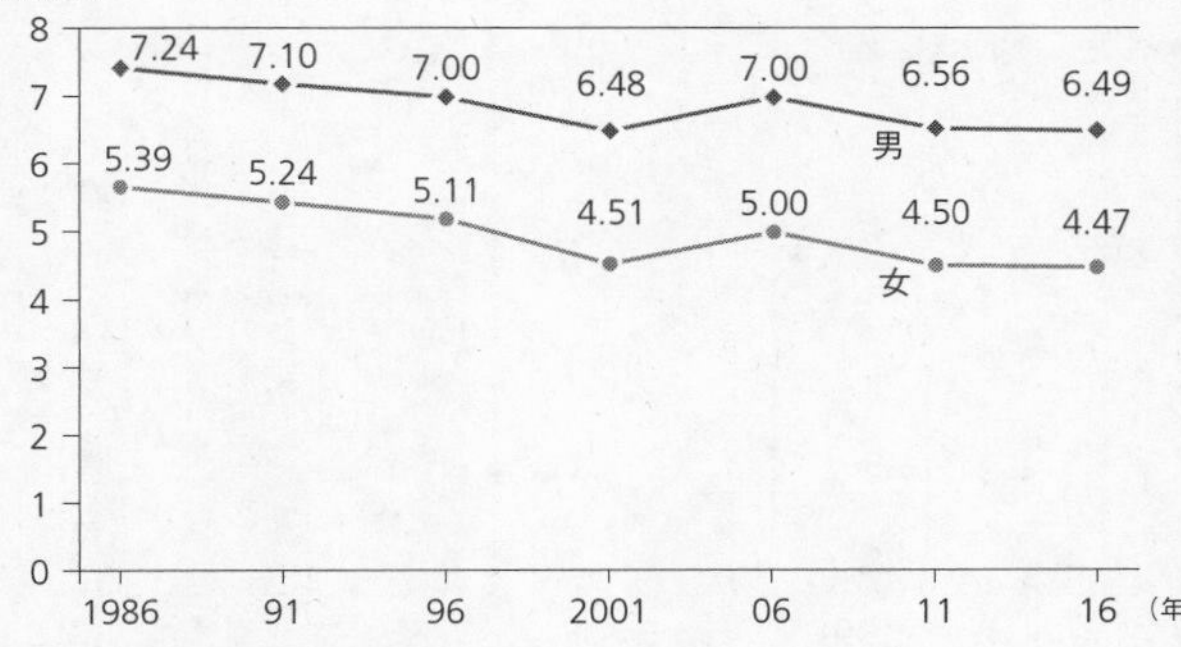

出典：「社会生活基本調査」（2016）より作成

まず、有業者について平日の「仕事」時間で見てみると、男性は平均６時間49分。女性は４時間47分と、男性は女性より約２時間多く「仕事」に時間を費やしている（図１）。

男性は「仕事」に費やす時間が長い一方で、「家事」に費やす時間は短い。家事関連時間（家事・育児・介護・買い物をあわせた時間）は週全体で１日あたり男性平均44分、同女性３時間28分となり、女性は男性の５倍の時間を家事に費やしていることとなる。前回２０１１年調査に比べ、男性はすべての年齢階層で増加しているが、依然女性の家事関連時間はそれほど変化がない。

さらに、平日男性の家事時間は34分、日曜日１時間11分と大きく異なるが、女性の場合平日３時間25分、日曜日３時間37分と、平日

図2　男女、曜日別家事関連時間（2011年、2016年）――平日、有業者

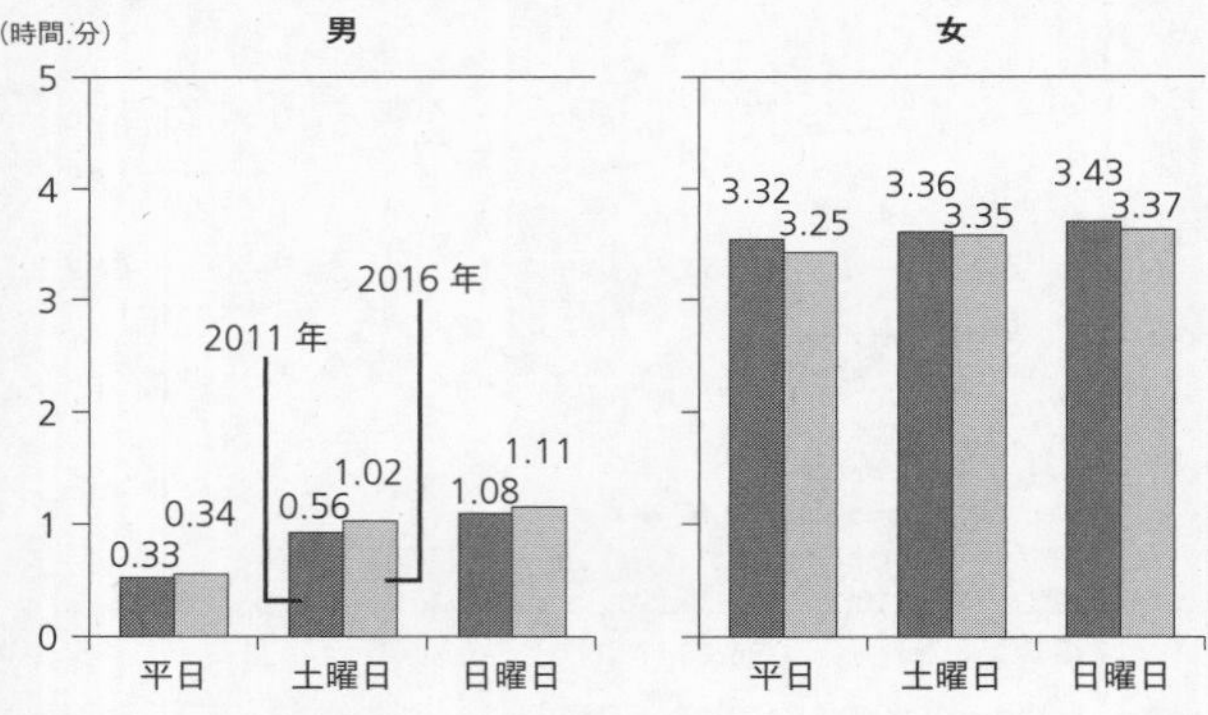

出典：「社会生活基本調査」（2011、2016）より作成

も休みも「日常的な」家事は女性が多く引き受けているのも特徴的である（図2）。この点も、先述したように家事テクノロジーの向上によって減らない「チョア」は、女性に大幅に負担させられているという説があてはまる。

女性の家事関連時間は、既婚か未婚かで大きく異なるのも特徴である。15歳以上の人について配偶者関係別に家事関連時間を見ると、未婚男性29分、有配偶男性49分と20分の開きである。これに対し、未婚女性1時間1分、有配偶女性4時間55分となる。女性は既婚か未婚かで、家事時間に約4時間もの差があり、いかに既婚女性が「家庭を守る」ことに時間を費やしているのかが分かる結果となった（図3）。

図３　男女、曜日別家事関連時間——週全体、15歳以上

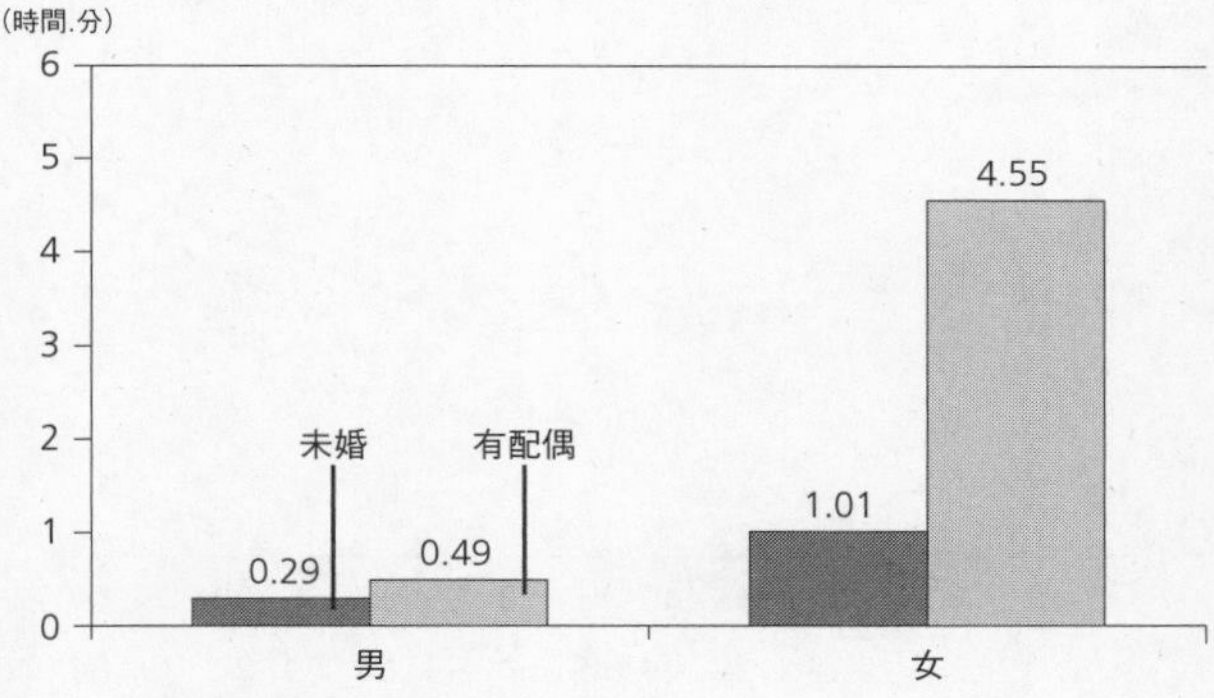

出典：「社会生活基本調査」（2016）より作成

さらに、有償・無償労働の負担の重い年齢層の女性ほど、睡眠時間も短い。日本人の平均睡眠時間は７時間40分で、男性７時間45分、女性７時間35分と男性が10分長くなっている。ただしこれは、年齢階級で大幅に異なっている。

日本人は20代後半を除く全年齢階級で男性の睡眠時間が女性より長く、かつ40代後半から50代にかけての女性の睡眠時間が最も短く、平均６時間51分から55となっている。

これは、家事育児とパートなどで就労を再開する時期に当たる女性の「寝る間もない忙しさ」を象徴している（図４）。

図4　男女、年齢階級別睡眠時間——週全体

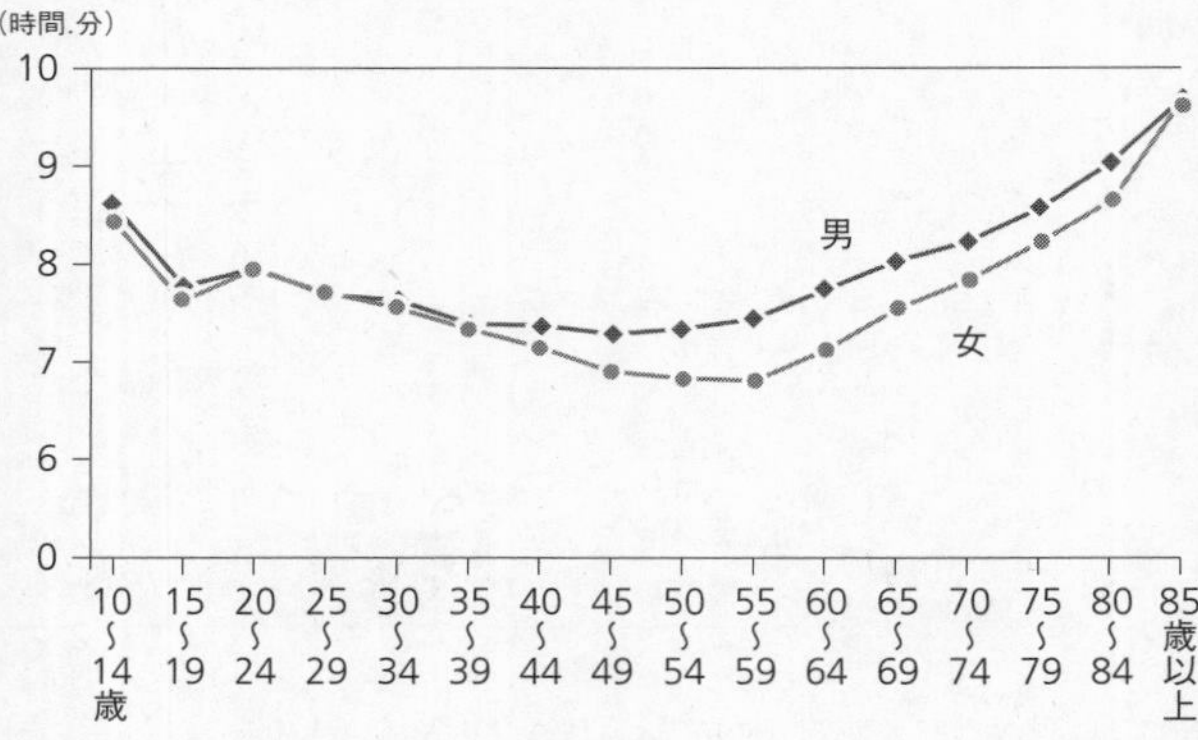

出典：「社会生活基本調査」（2016）より作成

共働き夫婦の夫も7人に1人がまったく家事をしない

日本で夫の「家事貢献」は、極めて乏しい。国立社会保障・人口問題研究所「第5回全国家庭動向調査」（2014年）によれば、妻と夫が遂行する家事の総量を100としたとき、それぞれが分担する割合について各回の平均値で見ると、第2回調査（1998年）から第5回まですべて妻の負担割合は85％を超える。回を重ねるごとに夫の貢献割合は増加するが、全体的に見て「微増」という程度である（図5）。

従業上の地位別に妻の家事分担の分布を見てみると、「常勤」の場合、妻の分担割合は相対的に少なくなるが、それで

も「100%」13・7%、「90~99%」30・0%、「80~89%」21・0%であり、常勤の妻の3分の2が家事を80%以上担っていることが分かる。また、常勤でも妻が「100%」家事を担う世帯割合が約14%いるということは、共働きで妻もフルタイムで働いている世帯の夫の7人に1人は家事をまったくやっていないことを示している。なお、「常勤」以外の「パート」「自営」「その他」の世帯では、いずれも妻が80%以上家事を担う世帯が8割であり、差はあまりない（図6）。

夫の家事遂行頻度について、家事の種類別に週1~2回遂行した人の割合を見ると、ほとんどの家事でその割合は上昇傾向にある。週1~2回以上遂行した人の割合が高いのは、「ゴミ出し」「日常の買い物」「食後の片付け」である。これらについては、週1~2回以上遂行した人の割合は30~40%となり、上昇幅も大きい。一方、遂行した割合が低いのは、「部屋の掃除」「炊事」「洗濯」である。

この結果は、先述したコーワンが指摘したものと重なる。コーワンは、「掃除をよくする夫は家事貢献度が高い」点も述べているので、洋の東西を問わず、普段から家の管理に参加する夫はそれだけ総体的な家事貢献度が高いことが示唆される。

次に家事貢献度を得点化した数値を見てみたい。家事の種類のうち、第1回調査から第5回調査まで共通する5つの家事（「ゴミ出し」「日常の買い物」「部屋の掃除」

図5　夫と妻の家事分担割合

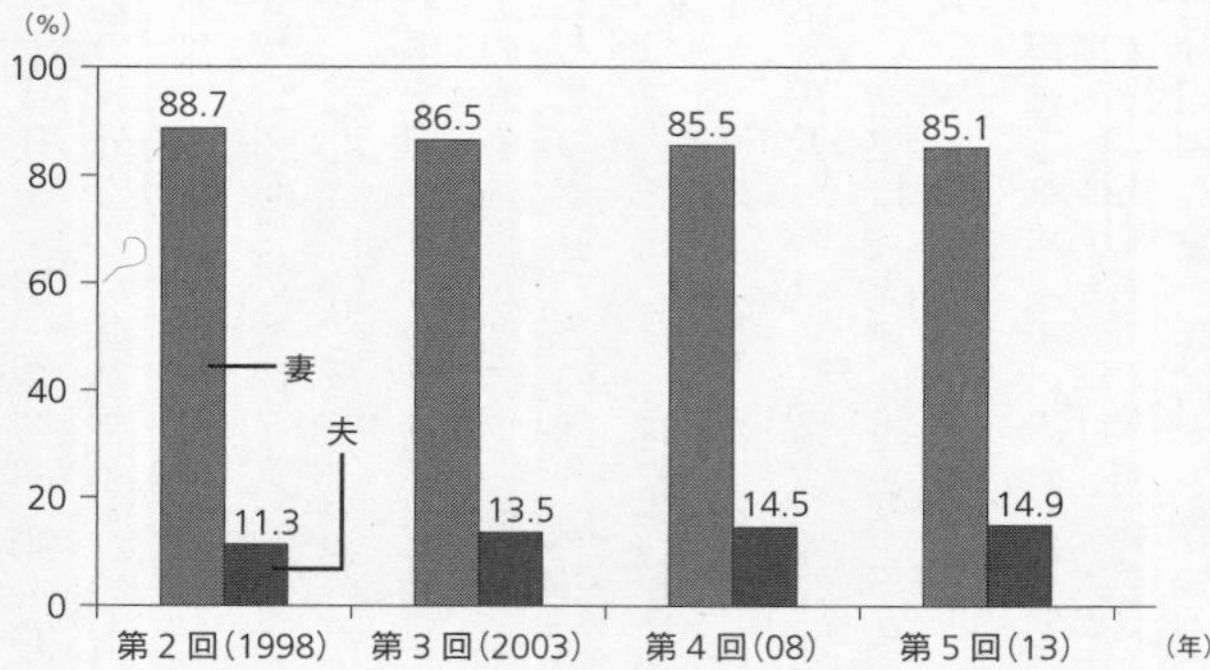

出典：国立社会保障・人口問題研究所「第5回全国家庭動向調査」(2014) より作成

図6　従業上の地位別にみた妻の家事分担割合の分布

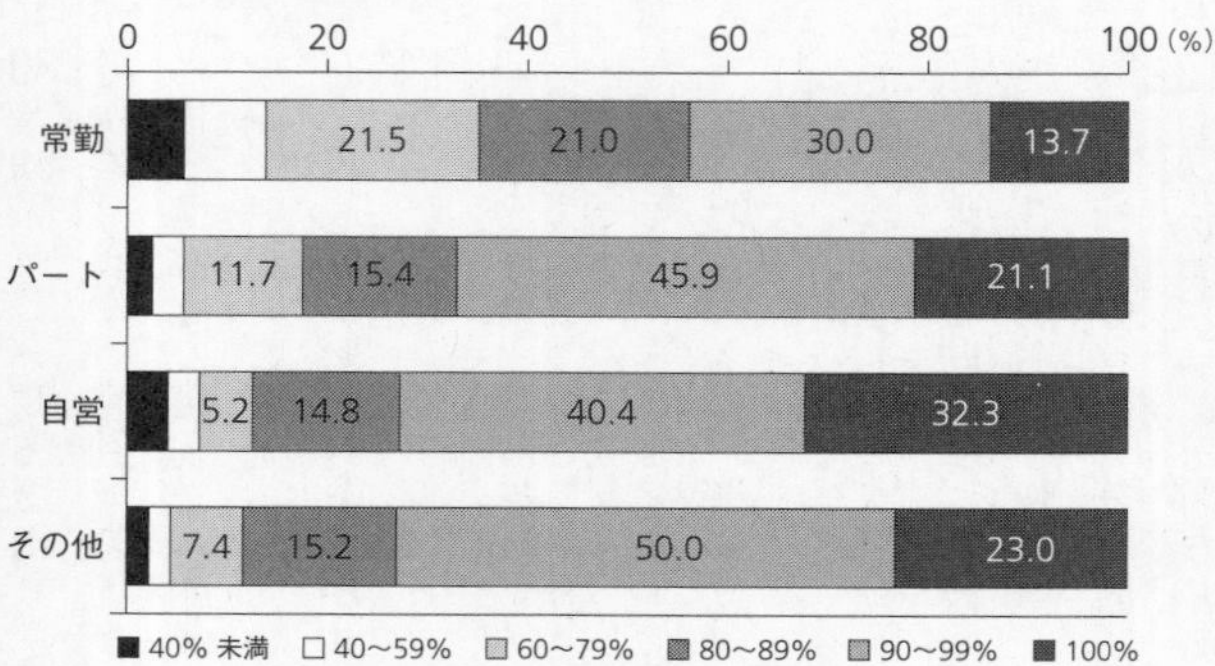

出典：国立社会保障・人口問題研究所「第5回全国家庭動向調査」(2014) より作成

「洗濯」「炊事」）について、家事の種類ごとに夫の遂行度を得点化してみる。得点化方式は、それぞれの種類の家事について、夫が「毎日・毎回」行う場合は4点、「週に3～4回」行う場合は3点、「週に1～2回」行う場合は2点、「月に1～2回」行う場合は1点、それ以外は0点とする。そのうえで、5種類の家事についての得点を合算し、家事得点とする。この家事得点は0～20点の値をとり、数値が大きいほど夫の家事得点は高くなる。

家事得点の平均値は、第2回調査から第3回調査にかけて若干低下したが、第4回以降上昇傾向にあり、第5回調査で5・1点となった。ただこの数値は、5種類の家事をすべて同じように遂行したとすると、いずれの家事も「月に1～2回」遂行した程度となる。つまり、平均的な夫の家事遂行頻度は、依然低水準といえる。

さらに、夫の家事に対する妻の期待について見てみると、「期待する」と答えた妻は、第4回調査の35・2％から第5回調査の31・4％に低下し、その逆に「期待しない」が64・8％から68・6％へ上昇している。

夫の家事に対する妻の評価について、「満足」と回答した妻の割合は第4回調査で51・5％、第5回調査で51・8％とほとんど差はない。また「不満」は第4回48・5％、第5回48・2％と変化は乏しい。

次いで、育児について見ていく。妻と夫が遂行する育児の総量を100としたとき、それぞれの分担割合について、各回の平均値をみると、妻の分担する割合は夫を圧倒的に上回るが、その値は低下傾向にあり、第5回調査で79・8%となった（図7）。

子どもが3歳までの育児に対する夫の遂行頻度を、育児の種類別にみてみると、第1回調査以降、ほとんどの育児で週1～2回以上遂行した人の割合は上昇している。週に1～2回以上遂行した人の割合が高いのは「遊び相手をする」と「風呂に入れる」であり、第5回調査ではいずれも80%を超えている。次いで、「泣いた子をあやす」「おむつを替える」「食事をさせる」で、第5回調査ではいずれも週1～2回以上遂行した人の割合は、60%程度となっている。このうち「おむつを替える」と「食事をさせる」では、第1回調査に比べて週1～2回以上遂行した人の割合は20ポイント以上上昇している。このように、家事に比べて夫の育児参加が活発な点が見て取れる。

だが、残念ながらこのような夫の「実績」に反して、夫の育児に対する妻の期待について、「期待する」は第4回調査の62・2%から第5回調査53・5%へ低下し、その逆に「期待しない」が37・8%から46・5%へ上昇している。いずれの調査でも、「期待する」が「期待しない」を上回るとともに、家事に比べ育児のほうが「期待する」の割合が高い。

図7　夫と妻の育児分担割合

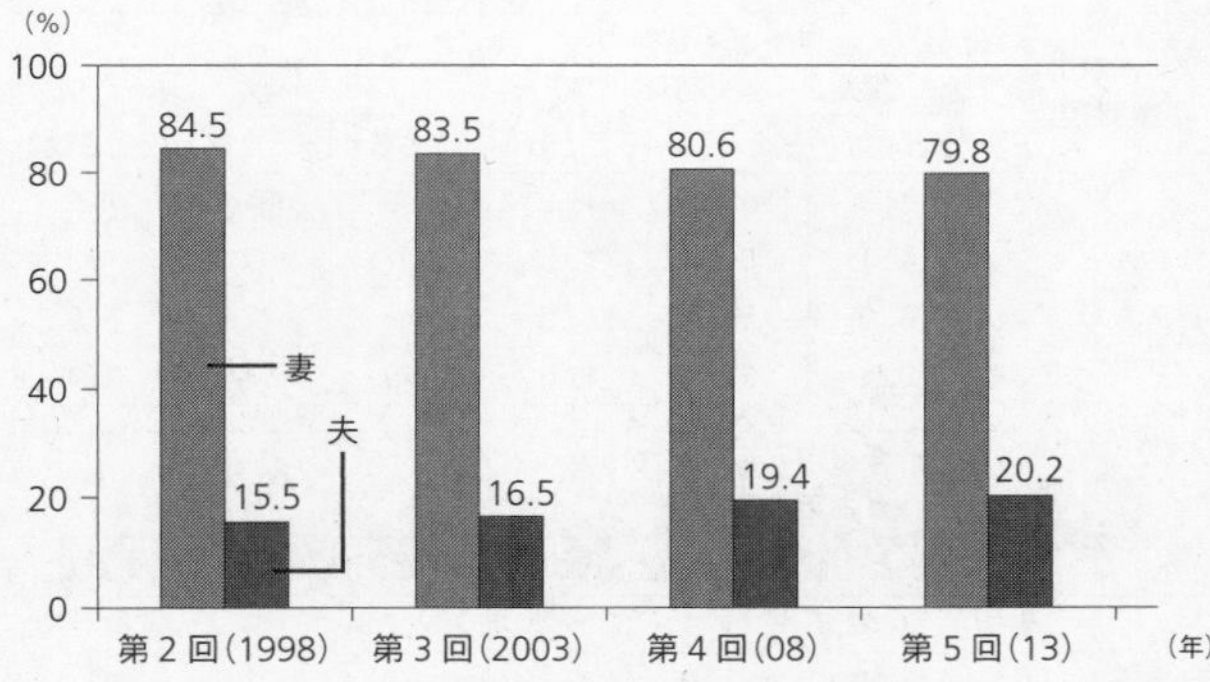

出典：国立社会保障・人口問題研究所「第5回全国家庭動向調査」(2014) より作成

さらに、夫の育児に対する妻の評価について、「満足」と回答した妻の割合は第4回調査の60・7％から第5回調査の58・4％とやや低下し、「不満」と回答した妻の割合は第4回調査の39・3％から第5回調査の41・6％に増加している。

夫の家事・育児遂行頻度と今後子どもを持つ予定の有無には密接な関係があることも分かっている。

第5回調査で40歳未満の妻に限定し、調査時点の子ども数をそれぞれ「子ども数0」「子ども数1」「子ども数2」の3区分とし、夫の家事得点が0〜2点を「ほとんどしない」、3〜5点を「あまりしない」、6〜20点を「よくする」とし、育児得点0〜5点を「ほとんどしない」、育児得点6〜10点を「あ

表1　夫の家事・育児の遂行頻度と今後子どもを持つ予定がある妻の割合

家事の遂行頻度	今後子どもを持つ予定がある妻の割合（%）			ケース数		
	子ども数0	子ども数1	子ども数2	子ども数0	子ども数1	子とも数2
全体	65.3	57.6	15.0	196	314	426
ほとんどしない	48.1	54.9	13.5	27	71	133
あまりしない	63.0	56.0	14.3	46	75	119
よくする	70.4	61.7	17.5	115	154	154

育児の遂行頻度	今後子どもを持つ予定がある妻の割合（%）		ケース数	
	子ども数1	子ども数2	子ども数1	子ども数2
全体	57.6	15.0	314	426
ほとんどしない	45.5	14.3	44	49
あまりしない	59.0	11.6	83	129
よくする	60.7	18.3	150	213

出典：国立社会保障・人口問題研究所「第5回全国家庭動向調査」（2014）より作成

まりしない」、11〜20点を「よくする」と区分し、これと「今後子どもを持つ予定がある妻の割合」と重ねてみると、「子ども数0」の場合、家事を「よくする」夫の場合妻が子どもを持つ予定があると答える妻は70・4%だが、「ほとんどしない」夫の場合は同48・1%と、22ポイント以上の差が出ている（表1）。

繰り返し指摘してきたように、日本ではまだまだ育児や家事負担が極度に女性に偏重している。このため、まだ子どもを持っていない妻は、夫の日ごろの家事貢献度から将来の育児する家庭風景を想像し、あまりにも家事をしない夫には「この人と一緒に子育てをするのは難しい……」と判断しているのであろう。

近年では、夫婦間出生力も2を割り込み、子どもを持たない、ないしは産んでも1人だけという夫婦も増加傾向にあるが、妻が夫に家事分担を期待できないことも、原因の一端を担っているのではないか。筆者は、夫に期待しない彼女たちの「心の声」に、静かな諦念をみたような気がする。夫に家事育児を期待する女性も低下傾向にあるため、問題は深刻化していっているともいえる。

「仕事と認識されない家事」という問題

たかが、家事。おそらく男性の多くはそう思うだろう。「たかが」と思われるこの仕事は、重要でありながら重視されないという矛盾を背負っている。

日本の夫婦の生活時間調査に詳しい社会学者・品田知美によれば、夫は妻の「家事」をそもそも仕事として認識していないことが明らかになった。[*4] 乳幼児を持つ家族の夫と妻に、妻がやっている家事をたずねると、無回答は30％にもなるという。さらに、妻は「自分は8時間以上家事・育児をやっている」と認識している人が72％もいるが、夫はたったの47％となる。これは、家庭の場は職場と違って家族以外の成員の目がなく、客観的な「評価」が行われにくいという理由があげられる。

余談になるが、この就労に関し、私は保育所への申請書類を見たとき、軽くショックを受けた。保育所への入所は、実質的には「昼間7時間以上の継続就労」をしている保護者の優先順位が高い。大学非常勤講師の私は、これを読み「自分は働いているのに、公的機関の評価では、がんばって内実を説明しないと長時間働いてはいないとみなされてしまうのか……」と嘆息した。もちろん、家内で仕事に従事しているとの申請もできるが、客観的に証明しやすいのは、なんといっても昼間勤めに出ている正社員の母である。

一方、私が参加している子育て支援NPOのメンバーは、ほとんどがパート就労の主婦の方たちである。やはり私と同様、短時間就労のため公営の認可保育所の敷居は高い。認可保育所は、厳しい基準をクリアしかつ受け入れ人数も規定までしか預かることができないので、広い園庭付きで人数も少なくゆったりしている。月額保育料も補助が大きいので個人負担分は無認可保育所より少なくて済む。パート主婦の方からは、よくこんな嘆きを聞く。

「賃金水準の低いパートの主婦の方が、いざ就職活動を始めようとすると、認可保育所より高額な保育料を負担して認証保育所などに預けなければ就労できない。賃金水準の高い正社員の女性から先に認可保育所も優先的に預けられるのは、不平等に感じる」

一方、正社員の女性たちもまた、こんなことを言う。

「自分たちは就労継続のため努力してきたし、妊娠中から保育所探しをするのも大変だった。決して楽に入れたわけではないし、たとえ認可保育所に入れてもそれだけでは男性正社員と同等に働くのは難しい」

どちらも大変、どちらも言い分は正しいと思う。母親の就業上の地位の如何を問わず、預けて働きに出たい人が出たいときに預けられる社会になれば、こんな母親同士のあいだに横たわる「もやもや感」は解消するのに……と改めて思う。

筆者は子どもが産まれてから、次第に夜間の専門学校の講義を減らし、子どもが3歳になるころには、大学の講義は極力午前中から午後最初の1コマに集中させ、しかも自宅から遠隔地の大学は断るようになった。講義は現在、平日週4日、合計8コマ。平均1日2コマで、午前中から午後3時前には終了する。

ただ、その前後に、膨大な仕事をしている。朝はたいてい5時くらいから原稿を書きはじめ、6時半に子どもを起こし、起きず、また起こし……を繰り返して、ぜーぜー言いながら起こして、朝ご飯を食べさせながら、自分も立ち歩きながらお行儀悪く朝食を食べて（平素、座って朝食をとる時間がない）、洗濯機を回しながらゴミを出し、子どもの身支度を手伝い、送り出して7時半くらい。それでも、子どもが小学生になって給食が始まって、お弁当作りから解放されたありがたさをかみしめている……。

その後、食器の後片付けをして洗濯物を干して、再び原稿に向かうのが8時くらいからで、9時半くらいには出勤となり、講義をしてもろもろの事務仕事をこなして学生の質問を受け付けて、帰路に夕食の買い物をして、帰宅は午後4時くらいになる。保護者会、PTA、その他学校の係や当番があるときには、買い物をカットして子どもの小学校に駆けつけて、これまたぜーぜー言っている。だいたい、なんだかんだと月3回程度学校に行く用事がある。

帰宅したら洗濯物を取り込んで畳んで、また原稿に向かっているうちに子どもが学校から帰ってきてたいてい開口一番「お腹が空いた」というので、おやつをあげつつ宿題を見てあげたり学校からの連絡に目を通したりしながら次の講義の準備をしたり、原稿を書いたりしているうちにもう夜になり、子どもを入浴させて夕食の支度をして、一緒に夕食をとって、子どもの遊びにつきあったりしているうちに9時ごろになり、放っておけばいつまでも遊びたがる子どもからレゴやゲームや「恐竜図鑑」などを取り上げて、戦いごっこなどをせがむ子どもの相手をして、疲労して、寝かせて、ようやく一息ついてお茶を入れて、原稿に向かい直したときにはすでに10時近くなっている。その後また体力が続くまで書き物をしたり、講義の準備をしたり……で、もう深夜になり「電池切れ」で就寝。

いつも原稿は、トップギアに入れつつ急停車するように書いている。正直、毎度締め切り前の追い込み期には「1週間くらい手加減なしに原稿に没頭できたらすぐに完成するのに……」と思うが、現状それは不可能である……。

筆者の講義時間だけを「仕事時間」と考えれば、1日たったの3時間程度しか働いていないが、もし家で原稿を書きながら家事育児をしている時間も「仕事」に換算してもらえるならば、たぶん毎日軽く15時間は働いている。家事はすべて原稿執筆や育児と同時並行に進行しているので、私の頭の中は、アメリカの大ヒットドラマ「24」状態である。かなり細部まで作り込んだダイヤグラムを進行しなければならないので、10分、15分単位の進行の乱れが命取りとなることもある。

夫が夕食の買い物をしてくれることや、食事を作ってくれることもあるのだが、厳密な分担ではない。こうして、家にいながらの就労者は、見た目まったく忙しく見えないどころか、のんきに子どもとキャッチボールしたり、一緒にゲームをしているように見えるだろう。おそらく私の時間配分は、短時間外でパート就労をして、家でも内職に勤しむ主婦のみなさんと、それほど変わりがない。忙しく複数の家事育児仕事が幾重にも折り重なった生活を送りながら、「暇」とみなされるせつなさや、うまく時間調整できずに日常的に疲労困憊のつらさは、身に染みている。

おそらく、多かれ少なかれ「見た目短時間就労」の既婚女性は、このいわく言いがたい「もやもや感」を抱えているのではないだろうか。何より、子どもの学校や行事に寄り添って予定を組んでいるのは、圧倒的に夫ではなく私だ。もちろん、子どもはかわいいし、できるだけ学校行事にも参加したい。今しか見られない子どもの成長に立ち会うのは本当に嬉しい。幸か不幸かこういう仕事をしていると、子持ちの女性が時間配分に四苦八苦する実態が非常によく分かるので、評論や論文を書く際のヒントにもなる。

ただ、この「評価されない問題」は、結局女性たちをひたすら疲労させ、自尊感情を損ない、そして家庭生活への不満を静かに煮えたぎらせてはいないだろうか。本当に、たかが家事、されど家事なのである。

日本の「ワーキングマザー」は世界一働き者

前述した品田は、日本の家庭で主婦の就労時間が、家電製品や家事サービスの購入などによってまったく減少していない点を精査している。そして、家事を端的に減らすために一番効果的であるのは「家族の成員を減らすことが最も確実な方法」と結論づけている。

たしかに、夫の世話や夫婦2人分の家事は避けられない中、女性にとって唯一確実に家事時間の総量短縮を確約するのは、「子どもをもたない選択」である。少子化には、「これ以上家事時間を増やすことは不可能」という、女性の暗黙の心の叫びが込められていないだろうか。

品田は、家事を「時間量データ」として取り扱うにあたり、「支払われない活動のうち『他人に委託可能な労働としての活動』を unpaid work（無償労働）とみなす」との定義を紹介している。[*5] では、具体的に「他人に委託可能かどうか」の線引きは、どのようになせばよいのだろうか。通常、日本の生活時間調査の分類では、ペットの世話やガーデニングなどは趣味に加算され家事には入れられないが、欧米ではこれらは家事の範疇に入れることが多いため、当該社会の歴史および文化的文脈の解釈が必要とされるという。これは仮説になるが、日本人は諸外国では家事と認識されているものを、家事と認識しない傾向も高いのではないのか……、という邪推も浮かんでくる。それほどまでに、女性の家事と日常生活の所作は渾然一体となっているように思える。

実は、無償労働は家族だけで世帯範囲を超えた「ご近所同士の助け合い」なども含む。前者は家事、後者はボランティアワークとされるが、無償労働である点では一致している。現代社会では、無償労働の大半は世帯人員のために行われているが、この点を加味すると、半ば強制的なPTA活動なども総体としての「無償労働」として再考する余地を示唆している。

実は、日本人の生活時間についての国際比較では、日本人の家事労働時間は国連報告書によれば、21カ国中下から2番目であり、欧米諸国と比較して短いと品田は指摘している。ただこれは男女合計の話であり、男女間の差が大きく、男性は下から2番目で欧米男性との差も大きいが、女性は下から4番目で上位グループとの差も小さい。他の生活時間調査によれば7カ国（日本、カナダ、アメリカ、イギリス、デンマーク、オランダ、フィンランド）で比較した場合、家事時間が短いのは主に男性であり、日本女性は仕事時間が「最長」との結果も出ているという。[*6] 埋め合わせとして、女性の睡眠時間は男性よりも短いが、この点は近年の「社会生活基本調査」でも変わらない傾向である。

さらに、有業有配偶の日本人女性は、カナダ人女性の国際比較に鑑みて、1日あたり有償無償を合計した総労働時間は1日あたり100分も長いという。これらのデータを照合し、品田はこう結論づける。「働きバチとは日本人の結婚して仕事を持っている女性である」[*7]と。

さらに、品田はこう指摘する。「日本人男性が「働きバチ」である、という神話は労働を有償労働にのみ限定した時にいえることで、無償労働を加えた総労働時間で見ると、7カ国のなかではアメリカ人男性が最も働いている」[*8]。だが「そのアメリカ人男性よりも長時間労働に従事しているのが日本人女性である」と。元になった国際比較データが1995年のものなので少々古いが、生活時間の実相を示す貴重な観点といえる。日本のワーキングマザーは世界一働き者、だが「暇だと思われている」という現実は、今なお変わらないのではないか……。

さらに、「1976年を基準にすると、2001年の主婦の家事労働時間は、専業主婦で1分、兼業主婦で4分増えている」という。その間の家電サービスの普及などにより増減はあったものの、結果として近年でそれほど明瞭な差はない。結論として、主婦の家事時間変化から読み取れるのは、「主婦たちの家事が減っていない」という事実である。

さらに、戦前昭和から現代にかけて、家電普及前と後で主婦の家事が減っていない点は、コーワンのアメリカの主婦に関する記述と非常に似通っている。洗濯機の普及や洋服の普及は、むしろ洗濯回数やアイロン回数の頻度を上げている。電気釜をはじめとした炊事関連の家電製品は、食事の内容を多様にし、毎回手をかけて温かいできたての食事を準備する慣習を普及した。たとえば、昭和初期までの農家の食事は簡素で、一汁一菜どころか農繁期には汁すら作る余裕はなく、米に「味噌だけ」なども珍しくなかった。米は冷や飯が普通で「なくなりそうになると炊く」ものだった。それゆえ、炊事の手間は、現在よりもずっと簡素であった。

このように一般的なイメージと異なり、家電製品やインスタント食品普及は、女性の家事時間減少に役立ってはいない。現実的に最も家事時間短縮に役立ったのは、裁縫の手間を省いた「既製の洋服」だと、品田は指摘する。

つくづく、これらの指摘を読み込むと、「昔の女性は長時間家事に従事していたのに、今時の主婦はラクをしている」という言説は、幻想にすぎないことが分かる。たしかに昔の女性は、農作業などの重労働で大変ではあった。ただこのため、実際は家事どころではなかったのである。

現在、日本の女性は「家事育児専従」から「仕事も家事も育児も」へと新たな役割を要請されている。専業主婦前提で打ち立てられた家事育児水準を落とさず、「男性並み」就労を要請されたらもうお手上げ……そんな有象無象の女性の声にならない叫びが、「超」のつく少子化、晩婚化・非婚化、さらに近年指摘される若年女性の専業主婦志向の再燃といった現象の背景にあるのではないだろうか。

次章では、現在日本の若年層を中心とした女性たちの置かれた切実な状況について、検証していく。

＊1　OECD, Hours worked, Total, Hours/worker, 2018 or latest available
＊2　総務省、2017年「就業構造基本調査」より算定。
＊3　同調査は、睡眠、食事など生理的に必要な活動を「1次活動」、仕事、家事など社会生活を営むうえで義務的な性格の強い活動を「2次活動」、1次活動、2次活動以外で各人が自由に使える時間における活動を「3次活動」と定義し、分類している。
＊4　品田知美、2007年『家事と家族の日常生活　主婦はなぜ暇にならなかったのか』学文社。
＊5　前掲書、12―13頁。
＊6　この指摘の元になったデータは、矢野眞和編、1999年『生活時間の国際比較』平成7年度――平成9年度科学研究費補助金（国際学術研究：課題番号07044033）研究成果報告書。
＊7　品田、前掲書、23頁。
＊8　元になったデータは矢野眞和編、1995年『生活時間の社会学』東京大学出版会。

第3章　出産タイムリミットに追われる日本女性

「不思議の国」の女性活躍推進

つくづく、この国は不思議の国であると私は思う。

とりわけ女性の生き方に関しては、お節介な魔法使いがつねに呪文を唱え続けているようだ。筆者が最初にこの事実に気づいたのは、中学校1年生のときだった。30代の女性教師が、あるときぽつんともらしたのだ。

「女の子は、大人になったら〝まだ結婚しないの?〟と言われ、結婚したら〝子どもはまだ?〟と言われ、一人産んだら〝二人目はまだ?〟と言われ、人からあれこれ言われ続けます。でも、離婚してしまえば、もう誰も何も言ってきません」

……重い。重すぎる台詞である。あまりの重力場の発生に、その場にいた友達が全員静まりかえったのは覚えているが、そのとき先生とどんな話題について話していたのかは、すっかり記憶から吹き飛んでしまった。もちろん、先生の過去に何があったのかは、聞けなかった。

それから30年も経て、今なおこの「世間という魔法使い」の呪文に、さしたる変化がないことに気づき、私は愕然とする。女性の生き方は結婚を第一義として考えるべきだという風潮は、実はそれほど変化がない。魔法使いは、今日もせっせと万能魔法を唱え続けている。

「おんなのひとはおよめにいっちゃえばいいじゃない」と。

すると不思議なことに、女性から貧困も将来への不安も社会的地位の低さも消し飛ばされ、この国の巨大な問題である少子化も解消され、ついでに高齢社会で不足する介護の担い手も確保されるというのである。

もちろん、嘘だ。

女性の平均初婚年齢は、かつて「クリスマスケーキ」などと揶揄された25歳を踏み越えて30年以上経つ。今、平均初婚年齢は29歳だが、大卒女子は31歳となっている。だから最近では、クリスマスケーキならぬ「除夜の鐘」などと呼ばれている。

２０１５年版国勢調査で見ると、20代後半の女性の60％超は未婚。30代前半でも35％弱が未婚である。この背景には、主として男性に稼得能力を期待する女性に対し、若年男性の平均年収も低下し、昇級ベースも総体的に鈍化してきていることがあげられる。平均値で見た若年男性の給与水準は、だいたい1990年代後半から2000年代後半にかけ20~30代で100万円程度減収になっているが[*1]、同時期中央値で見た場合の男性の年収は30代で200万円も下がり、2017年統計でも年収の「山」は低い方に移動している[*2](図1)。

この場合、おそらく平均値ではなく、一番多い年収層を示す中央値のほうが、人々の生活実感に近いことも指摘できる。たとえば、みなさんがバーで飲んでいるときに、そこに一人の大金持ちビル・ゲイツさん(仮名)が入ってきたとする。架空の人物だが、巨大な会社を立ち上げ、インドネシアのGDP程度の資産をお持ちの方である。この架空の人物がバーに入ってきたら、平均年収は大幅に跳ね上がるが、みなさんは豊かになるわけではない。このたとえは、実は筆者のオリジナルではなく、ノーベル経済学賞を受賞したポール・クルーグマンが使ったものである。

さて、話はもとに戻して、このような若年層の年収水準低下に鑑みても、今後は若年層ほど共働きでないと家計維持は困難なことは火を見るより明らかである。現実的にも、すでに1997年以降、サラリーマン世帯の共働き世帯は専業主婦のいる世帯を上回り、生涯専業主婦でいる女性はむしろ少数派である(図2)。

だから、魔法の呪文はこう書き換えられるべきなのだ。「おんなのひとはなかなか

図１　若年男性の収入は低下傾向に

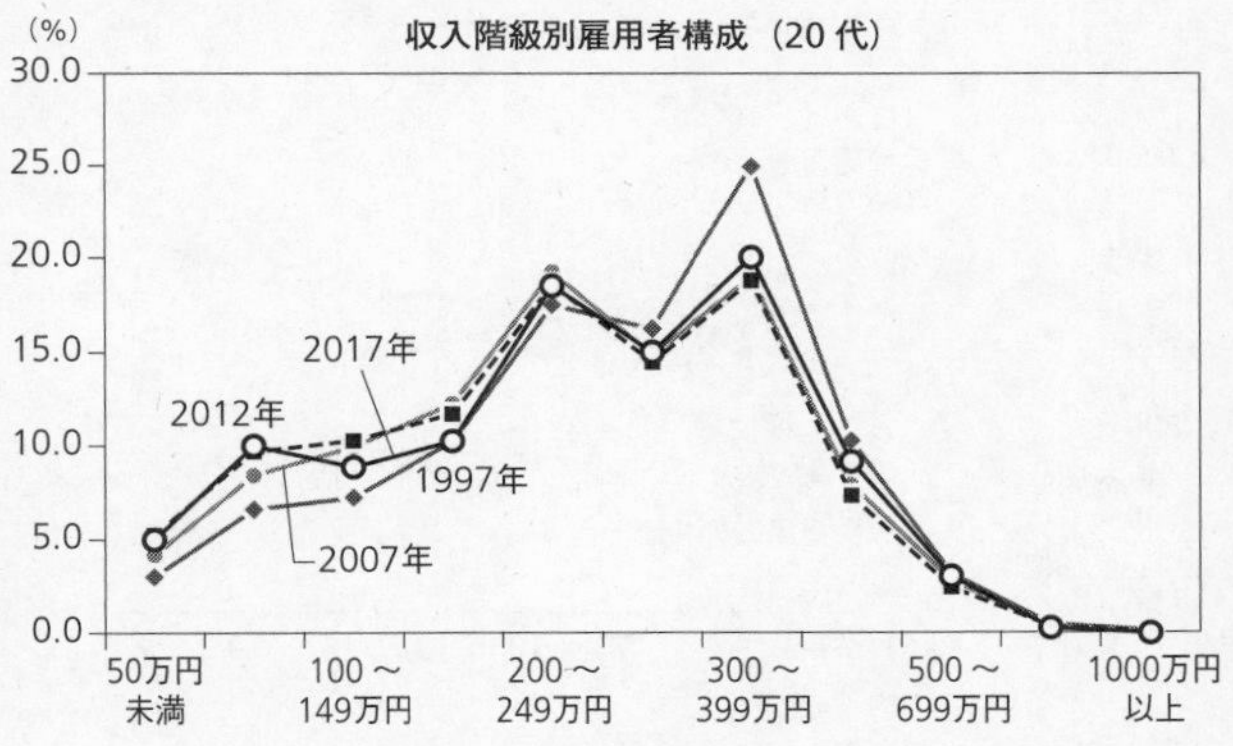

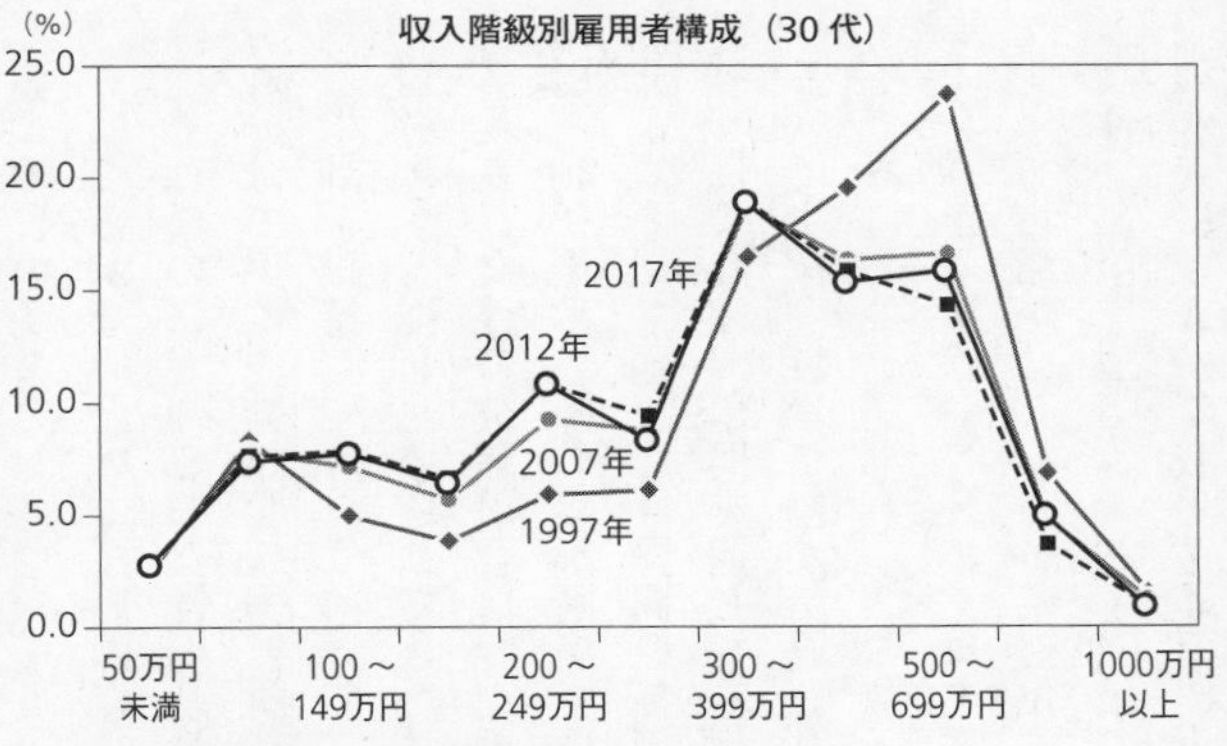

出典：総務省統計局「就業構造基本調査」より作成

図2　共働き世帯数の推移

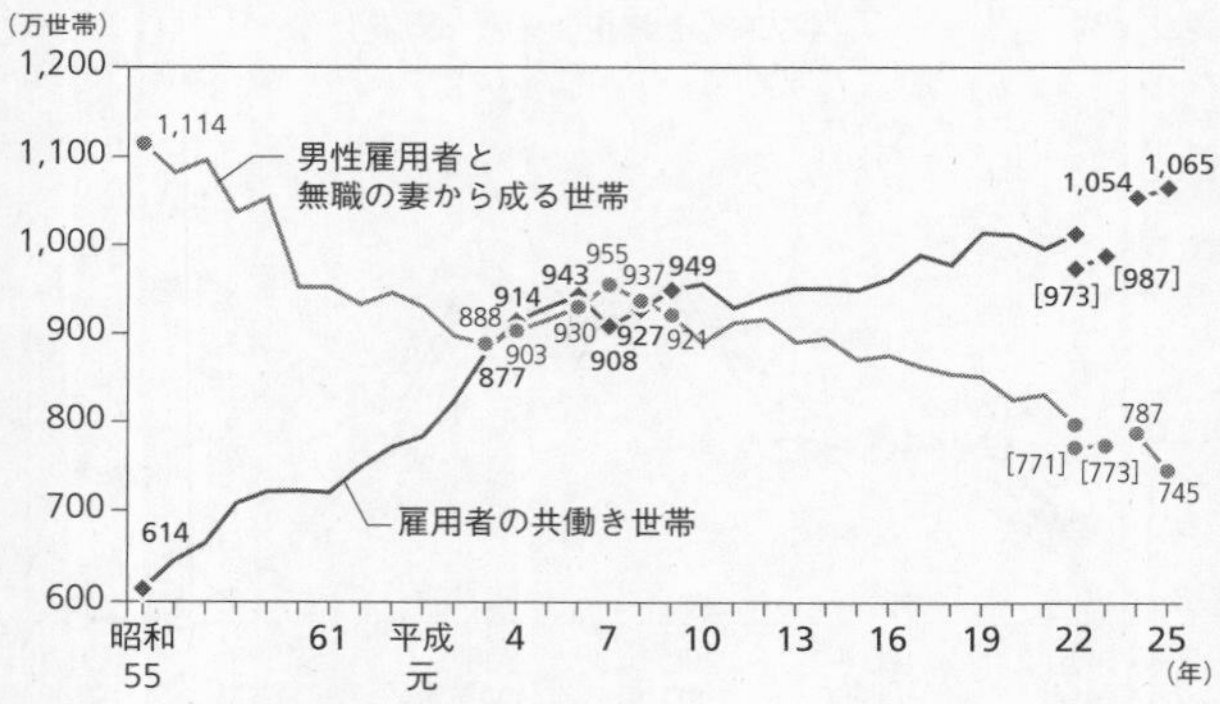

出典：「男女共同参画白書」（2014）より作成

およめにいかないし、いってもいかなくてもはたらかないといけないんだよ」と。

それなのに、今なお女性の就労は軽視され続けている。結婚し、夫に所属し、主たる生計を維持してもらう前提で、女性は周辺労働へと押し込められてきた。

現在、女性の被雇用者は6割が非正規雇用。40代後半以降の年齢階層では、7割が非正規雇用。国税庁「民間給与実態統計調査」によれば、年間を通じて給与所得がある人でも、女性は7割が年収300万円以下である。

2014年は、NHKクローズアップ現代「あしたが見えない〜深刻化する〝若年女性〟の貧困〜」が、「20〜64歳の単身女性の3人に1人が年収114万円未満の貧困状態」と報じ、話題を集めた。これまで、「女性は数値の上では稼得能力はないが、貧困ではない」という前提のもとに、雇用の調整弁として扱われ続けてきた。だが昨今、その前提が崩れてきている。

ふと、思う。くだんの呪文は、この女性の貧困を覆い隠すための巧妙な罠だったのではないか、と。なるほど、「いつか結婚してからが人生本番」という考えは、眼前の低待遇や、下手をするとパワハラやセクハラが横行しているような雇用環境で働く女性たちに、希望を与えるのには役立つ。

だが、私は思うのだ。この感覚は、高校時代に古文の授業で読んだ、平安貴族のような発想だなあ、と。平安中期、浄土思想が流行した時代、貴族たちは何か現世でつらいことがあるときほど、死後訪れるはずの浄土の救いに期待し、涙でよよと袖を濡らした。なぜか。それは、この世界が科学的な知識で照らし出される以前、世界は巨大なブラックボックスだったからだ。人間、自分でコントロールできない部分が大きければ大きいほど、希望は現世を離脱していく。

今や完璧な「女の幸せ」獲得は怒濤のライフコース

この国の女性は、今なお自分の人生をコントロールできる余地が少ない。なぜなら、

「私の幸せ」は自分一人で追求できても、「女の幸せ」は、難しいからだ。この点が、「男のロマン」がスタンドアローンで追求可能な点と対照的である。

近年は、この「女の幸せ」を完璧に獲得するには、「結婚」「仕事」「子ども」の黄金の三角形をその手にすべしとされるようになってきた。これは、極めて厳しい。中でも最も難しいのは「子ども」であろう。出産には、生物学的なタイムリミットがあるからだ。

昔「丸高」と言われた35歳になる前に、できれば34歳までに結婚もキャリアも完璧にして、2人の子どもを産み終えておきたい……そう願う女性は、おそらく男性が考える以上に多い。だがこの場合のライフコース計画は、誠に忙しく、本当に時間がないのである。

モデルコースを設計してみよう。

大卒女子ならば、浪人も留年もせず、最短年限の22歳で就職したとする。そして、29歳までに結婚したいと思えば、現在の結婚相手との平均交際期間は4年くらいなので、逆算して就職して3年以内に将来の夫候補を見いださねばならない。人柄はもとより、仕事、年収、将来性、学歴、ルックス、家庭環境などが一定基準を満たした未婚若年男性は、近年競争の激しい「レッドオーシャン（血の海）」である。家族社会学者の山田昌弘によれば、都内20代半ばから30代半ばまでの未婚女性は4割が「相手の年収600万円以上」を求めるが、同年齢階層で600万円以上の年収の未婚男性は3・5%しかいない。*3

近年では厳しい現実を見据え、女性が結婚相手に望む相手の希望年収は「年収400万円以上」が7割程度となっているとの調査結果もあるが、20代の男性では厳しい。同世代でこのくらいの年収で性格もよくルックスも及第点で、将来性もバッチリで自分の両親が納得するような相手を見つけるのは、おそらく凄腕のスナイパー並みの力量が必要である。無駄弾は撃てない。

ちなみに、近年若年女性が「自分の親の気に入る相手と結婚したい」と言うのは、切実な理由がある。出産した場合、実母が育児資源として最も頼りになるからだ。たとえば女性の就労状況により異なるが、「子育てを頼る相手」は、「実母」が7～8割、「夫の母」4～5割だが、「公営保育所」は2～4割ほど。これは、フルタイムワーカーの母でも専業主婦でもそれほど変わりはない。*4 また、若年層ほど2人目以降を産むインセンティブは、「実家が近い」ほど上昇する傾向があるため、いかに女性にとって「実家が重要」かは、想像に難くない。これは、結局公営の保育所などでは、結局細かなケアが間に合わないことの証左である。実家の反対を押し切って決めたような結婚は、その後が大変なのだ。

ともあれ、実家も納得の好物件未婚男子は、競争率も高く勝負は熾烈を極めるだろう。その中を勝ち抜き、4年ほどのおつきあいを経て結婚に至らねばならない。新郎新婦両家納得のブライダルプランを設定するには、かつては1年程度時間をかけたが、近年は7カ月程度だという。いずれにしても逆算して、おつきあいして結婚を意識させてプロポーズさせるまでは3年少々しかない。

こうして29歳でめでたく結婚し、そこから2年以内に第1子を出産するためには結婚直後から妊活に励まなくては間に合わない。妊娠期間は十月十日というが、実質9カ月程度は必要である。排卵は1カ月に1度しかないので、31歳中に産み終えるには、結婚して約15回程度しかチャンスはない。これも、無駄弾は撃てないのである。筆者は書いていて、ゆるふわっとした若い女性の笑顔よりも、さいとう・たかを『ゴルゴ13』が、スナイパー・ライフルを構えて目標を見据えている険しい目つきが浮かぶのだが、気のせいだろうか。

こうしてめでたく31歳で第1子を出産した直後から、第2子出産計画を開始しなければならない。なぜなら、第1子がいつまでも授乳を必要としていれば、排卵も再開せず、妊娠しやすい身体作りが整わないからだ。放っておけば2歳ごろまで母乳をほしがる乳幼児に、心を鬼にして最長でも1歳までに卒乳を促し、次の子どもに備えなくてはならない。

なお、計画通り32歳で第1子を卒乳させても、排卵が回復するまでの時期は個人差がある。産後2～3年排卵が再開しない人もいるが、まったく授乳していなければ平均3週間程度で再開する人もいるという。このため予測は難しいが、だいたい卒乳に近いころは離乳食も進んできて授乳回数も減って排卵が再開していると仮定して、33歳までに妊娠するためのチャンスは、約12回。やはりここでも『ゴルゴ13』並みの正確さで狙って妊娠する必要がある。こうして33歳で妊娠、34歳で無事出産……おめでとう、これでプロジェクトは完了!……とは、ならない。

なぜなら昨今では、これらの「女の幸せコース」を歩みつつ、キャリアも積まねば完璧ではないからだ。女子は恋に仕事に婚活に妊活にがんばって、就活の際には企業が出してくる耳障りの良い情報だけではなく、『会社四季報』や「有価証券報告書」などを丹念に読みこなし、女性従業員比率、女性管理職割合、産休・育休取得率、平均勤続年数など、要は本当に「ファミリーフレンドリー」な会社であるかを精査して挑まねばならない。

だが、たとえ産休育休制度があっても、実力がなければ結局は正社員でも離職せねばならなくなってしまう。たとえば、アイデム「パートタイマー白書」（2012年）によれば、概算として結婚時に離職ないしはパートや派遣などに就業形態を変える女性は約半数。さらに、第1子出産後に離職ないしは働き方を変える女性も約半数である。つまり、正社員入社の女性は、第1子出産後には約75％が正社員の職を退いているのである。

正社員の女性が第1子出産後に就労継続しているのは、2割強というこの数値は、ここ30年ほど変化がない。その間、「超」のつく少子化はとどまるところを知らない。近年、合計特殊出生率は微増しているが、そもそも母数となる15～49歳世代の女性の数自体が減っており、出生数は減り続けている。この国が、いかに少子化対策にも女性の就労継続にしても、かけ声だけで実効性のある対策を打たずにきたのかと考えると、めまいがしそうである……。

さて話を元にもどして、女性が出産後も就業継続し続けるためには、第1子妊娠予定の30歳までに、確固たるキャリアを積まねばならない。産休育休を取得しても、マタハラに合わないレベルのポジションに就いていなければならないのである。そして妊娠したら、今度は出産する前から保活に勤しんで子どもの預け先を確保しなければ職場復帰はできない。煩雑な書類を整えて保活に勤しみ、無事子どもを預けて職場復帰。これらをやりのけて、ようやく及第点となる。

あえて言おう、超人である、と。

結婚・出産・育児とキャリアの両立という難題を、個人の力だけで乗り切っていく日本女性たちの人生のBGMは、R・シュトラウスの交響詩「ツァラトゥストラはかく語りき」であろうか。だがこの国では神は死んでも、母性神話は強固にはびこっている。

日本女性超人化計画

今、日本の政府はウーマノミクスを重視し、「すべての女性が輝く社会作り」を掲げているが、社会環境を整備せずに女性の個人的努力だけでキャリアも結婚も出産も……と促せば、「成功」できるのはきらきら輝くというよりは、1960年代東映任侠映画並みにぎらついた女性ばかりだろう。同年代男性は、怖がっていっそうの草食化が進行しないかが気にかかる。

余談になるが、この「ぎらつき女子」、高偏差値大学に行くほど珍しくはなくなる印象がある。筆者は今まで複数の大学で、さまざまな専攻の学生を教えてきたが、家族やジェンダーに関する授業で学生の意識調査を行うと、結婚観・労働観は、高偏差値大学ほど男子学生と女子学生で精神年齢差が拡大するように思える。女子学生は「すでにファミリーフレンドリーな企業を選択し、内定をいただいております」「私も生活水準は落とせませんので、相応の所得水準で家事にも協力的で仕事にも理解あるパートナーを選びたいです」等、具体的で自身の人生設計に引きつけた、切実な回答が返ってくる。

これに対し男子学生は、かなり優秀な回答でも基本「他人事」な感が否めない。せいぜい、「僕も、30歳くらいになったら考えなくてはいけないのかな、と思います」といった答えが返ってくる。

この、男女間に横たわる「タイムラグ（時間差）」は、いったい何だろう……。女子学生が「30歳までにケリをつけよう」と思っていることがらについて、男子学生は「30歳から考えればいいや」なのだ。精神年齢は、男女で10歳程度の開きがあるように思える。

おそらく、この国の女性たちは、次の点を骨身に染みて思い知っている。それは、「放っておいては、男性は何も考えてはくれない」という悲しい事実である。

実際、女性の就労継続、結婚、出産、育児……すべてに対し、真剣に検討し選択する心理的・時間的コストは、ひたすら女性の双肩にばかりかけられている。少し前までは、そんなことはなかった。70年代の男性98%、女性97%が一生のうちに結婚していた時代、多くの人は自分の人生の選択について、それほど真剣に思い悩む必要はなかった。だが今や、決定のコストは一つひとつが極めて重い。

ちなみに、正規雇用の女性が出産を機に離職した場合、本来定年退職まで勤務していたら得られたはずの機会費用（就労を継続していたら得られていたはずの生涯賃金）は、「国民生活白書」（２００５年、内閣府）によれば2億円以上、逸失率は8割を超えると試算されている。

高学歴・高水準職女性ほど、自身に投入してきた学業やキャリアを捨てることは、それだけ多くのコストを無駄にすることを意味する。

一方、依然として専業主婦が、つねに夫や子どものために時間を割くことを前提とした育児言説や家事を愛情のバロメーターとみなす視点は、就労継続する女性を、おのずと「二流主婦」にしてしまう。どれほど多くの矛盾が、今なお女性の人生を苛んでいることだろうか……。

だが、過酷な環境は強靭な野生動物を生むように、この国のほんの一握りの優秀な女性たちは、本当に家事育児レベルを落とさず、就労継続しているのもまた事実である。少なくとも、「政治家の偉いおじさん」たちの視界に入るのは、そういう女性が多くなるように思う。筆者も政治討論番組やシンポジウムなどに呼ばれると、居並ぶ女性たちのレベルの高さに、まぶしくてまともに目が開けられないような気持ちになる……。彼女たちが輝くのはもちろん、大賛成だ。大いに活躍して、発言してほしいと願う。だが問題は、仕事に家事に育児にとがんばっても、なかなか評価されず、賃金水準も低いままの女性があまりに多いという点である。

たとえば、OECDのジェンダーギャップ関連報告(2012)によれば、どのOECD諸国でも、「子ども有り」の女性は、「子ども無し」の女性より、男女の賃金格差が大きい。報告タイトルがそのまま示すように、「母親であることは高くつく」(The price of motherhood is high across OECD countries) のである(図3)。

日本の女性の就業率は上昇し、正社員に関しては男性の7割程度稼ぐようになった。だが、フルタイム勤務同士で比較した「子どもがいる女性労働者の賃金」は、同男性労働と61%もの開きがあり、OECD諸国中最大の男女格差があることが分かった。

つまり子どもがいる男女を比較すると、女性は男性の4割以下の賃金水準となるのである。いかに子どものいる女性が就労の場で評価されていないか、あるいは仕事をセーブせねばならないかが浮き彫りになったといえる。この国の女性は、超人にでもならなければ、男性と同レベルで社会的な評価を得つつ、出産・育児を行うのは難し

図３　子どもの有無による男女賃金格差の違い（国際比較）

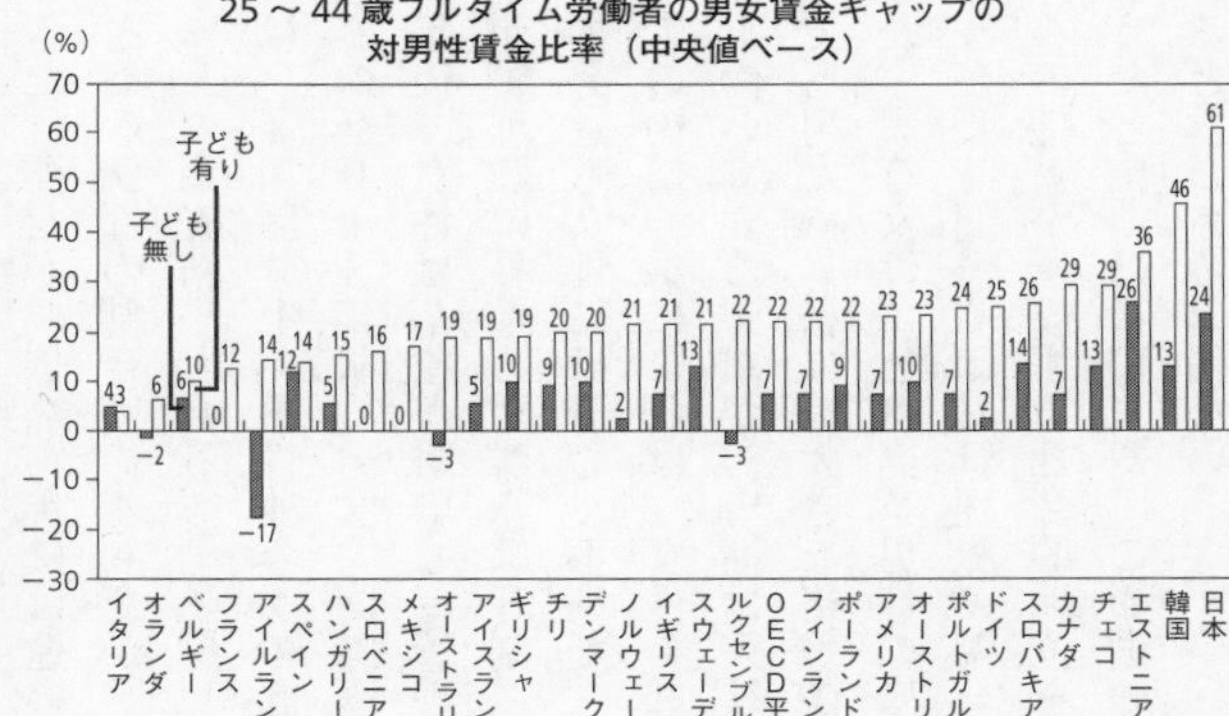

注：2007～2010年の諸資料にもとづくOECD事務局推計．子どもの定義は16歳未満．国の並びは男女賃金ギャップ順

出典：OECD（2012），Closing the Gender Gap：Act Now - 図13.3「OECD諸国を通じて母親であることは高くつく」

い。もちろん、出産時の高い離職率に鑑みれば、結局、仕事か育児か、あるいはその両方が犠牲となっているといえる。

一方、２０１５年に施行された「女性活躍推進法案」が目指すのは、まさに上述した超人的女性像ではなかったのか。

同法は、２０１４年の法案段階ではいわゆる２０２０３０、つまり２０２０年までに役員や管理職、高度の専門性が求められる職業など「指導的地位」に占める女性の割合を３割にするという目標を定め注目された。もともと２００３年から目指されてきた目標だが、依然実現には遠い。政府の統計などによると、日本の被雇用者全体に占める女性の割合は約4割だが、管理職は1割程度である。上場企業の平均では約5％との調査結果もある。

では、雇用区分上「男性並み」の評価が得られるはずの総合職女性はどうだろうか。内閣府の2013年版『男女共同参画白書』によれば、総合職として採用された社員の10年後で女性は7割が離職し、管理職に昇進したのはたった1割だ。一方、男性は4割が管理職に昇進し、離職は3割。この差は大きい。

その昇進も女性には著しく不利だ。正社員の勤続年別に管理職の割合を分析した社会学者の山口一男によれば、女性で課長以上の割合が20％に達しているのは入社後31年以上働いている層だが、男性は入社11〜15年目で20％を達成している。[*5] 勤続年数が同じでも男女の昇格には大きな格差がある。

また、大卒女性に比べ高卒男性のほうがはるかに課長以上の割合が高いうえ、女性のほうが長時間働くほど管理職の割合が高まる傾向が強いという。学歴よりも生まれながらの性差が達成する社会的地位を決定するとは、この国はいまだに「封建社会」のようだと山口は指摘する。この国の雇用環境で、女性は明らかに不当に低く評されていると言わざるを得ない。

厚生労働省と文部科学省が取りまとめた2019年春卒業の大学生の就職内定率（2月1日時点）は、男子91・0%、女子93・8%と、女子が男子を上回った。近年は、筆記や面接などの成績順だけで単純に採用すれば女子ばかりになってしまうため、男子学生にげたを履かせて採用している、など企業の採用担当者の話が漏れ聞こえてくるようになった。

げたを履かせてまで男子を多く採用している理由は、男子は「伸びしろ」があるからというのがその理由だが、女子を伸ばさず評価もしない社会背景にも目を向けてほしいと切に願う。女性の活躍推進法案の数値目標には「女性に無理にげたを履かせるもの」との批判もあるが、これまで日本社会は、むしろ男性にげたを履かせる一方で、女性の能力を生かしきれてこなかったのではないか。

「超」のつく少子化の進行で、現在政府は、女性の就労と出産の後押しに躍起だ。だが、この国にはびこる「魔法使い」の呪文を解除できなければ、女性の活躍など推進できないだろう。あまりにも強固な母役割規範や家族規範のさなか、「旧来の規範に適ったいいご家庭」を営みつつ、仕事も子どもも……と女性にばかり多くを望むのはあまりにも無理がある。

思うに、政府の望む「女性活躍推進」は、「日本女性超人化計画」とか「女神降臨クエスト」などと呼んだほうがよいのではないか……。

日本は「社会的不妊」を解決すべき

繰り返し述べてきたように、日本の「超」少子化は、社会全体の構造的問題からもたらされたものである。だが、日本社会は少子化の最大原因を、若年女性に求めたがっているようである。その最大の事例は、2013年に起こった「女性手帳」問題といえる。これは内閣府の「少子化危機突破タスクフォース（作業部会）」が、妊娠や出産の知識を広めることを目的に導入を検討したものの、「余計なお世話」と散々な不評をもって終息した「事件」だ。

内容は、「35歳を過ぎると妊娠・出産しにくくなる」という事実を広く知らしめようというものであった。つまり政府は、「若い女性が年齢を重ねると妊娠しにくくなることを知らないことが、少子化の一因となっている」と見ているのだろう……。だが、これはあまりにも的外れな指摘であった。もちろん、年齢を重ねれば妊娠・出産が遠のくのは生物学的な事実である。だが、人間は社会的動物であり、社会構造が女性の出産に与える影響はあまりに大きい。その点を無視して、女性にのみ責任を帰するのは間違いである。

近年の日本社会の変化は、個人から見れば、「誰も自己責任を問われなかった社会」から、「何もかも自己責任で対処せねばならない社会」への急激な転換といえる。すでに十二分に自己責任社会を生きている若年層、とりわけ女性に出産や育児を含めた人生設計改善の努力を説くのは、寒風吹きすさぶこの社会で、さらなる北風を吹きつけるに等しいのではないか。

女性たちに必死でコートの襟を立てさせるのではなく、男性も含めもっと楽しく出産も育児も家事も就労もできるよう、構造転換はできないのだろうか。今必要なのは、北風ではなく太陽である。誰もが旧来の重たい家族規範や雇用環境のコートを陽気に脱ぎ捨て、共に協業できるような社会へと改変する必要がある。

生殖工学博士の香川則子は、「個人の事情や身体的な理由ではなく、教育や社会の構造などによって、女性たちが『産みたいけど、産めない』状況に置かれていることと」を「社会的不妊」と呼ぶ。[*6]そして女性手帳や2012年2月放映のNHKクローズアップ現代「産みたいのに　産めない　～卵子老化の衝撃」などの影響で、「35歳を過ぎたら卵子が老化する」という言説が過度に強調されている現状に対し、警鐘を鳴らしている。件の番組放映後、年齢を理由に婚約を破棄された女性もいるというから、事態は深刻である。香川は、次のように述べている。[*7]

35歳の女性が卵子の老化によって妊娠しにくくなり、産むのがむずかしくなるのは間違いありませんが、これは「子どもがまったく望めない」とイコールではありません。

究極のことをいうと、どの年齢でも産める人は産めるし、産めない人は産めないのです。どの卵子が赤ちゃんになるかは、科学の力をもってしてもわからないことだし、その人がそれを持っているかどうかも、同じくわからないのです。

さらにいうなら、男性側が赤ちゃんになる精子を持っているかどうかも、やはりわかりません。いくら活発に動いていても、赤ちゃんにならない精子はいっぱいあるのです。

不妊治療をすれば授かるカップルもいますし、それでも授からないカップルもいます。妊娠や出産で、「絶対に可能」と太鼓判を押せることは、何ひとつとしてないのです。

その理解もないまま、大学受験の〈足切り〉みたいに「この年齢以上の女性は子どもを産めないから、結婚もナシ！」とすっぱり切り捨てるとは、乱暴すぎます。それは女性を〈産む道具〉としてしか見ていないようにも受け取れます。とても失礼な話です。

どうやら〈卵子の老化〉ということばが、ひとり歩きしてしまっているようですね。そのせいで産みたい女性がますますパートナーにめぐりあえず、ますます産めなくなっていく……全国のあちこちで起きているであろう、この悲しいスパイラル。

繰り返すが、少子化は社会の構造的な問題の結果である。女性個人を責めても、また女性ばかりを見ていても、決して解消し得ない。この国は女性の出産に対し、厳しい社会規範を課し続けてきた。法律婚の夫婦関係をもち、専業主婦を前提とした時間設定の家事育児をこなすのは「子どもを産むための標準環境」と考えられているが、誰もがこのスタイルの家族関係を築くのは、どんどん難しくなっている。社会が女性に厳しい規範を課している一方で、産み育てる責任もコストも、すべて女性が全面的に負担すべきとされているのである。社会規範そのものの不合理を解消し、産みたい女性が産みたいだけ子どもを産むことも、産みたくない女性が非難されないようにすることも、同様に尊重されるべきだ。だが、現実的には産みたい女性が産めず、産まない女性が非難されるという、真逆のことが起きている。

そもそも、当たり前の話だが、子どもは女性だけで産めるものではない。もし仮に、生物学的な妊娠・出産最適時期に、女性に子どもを産むことを最優先させるつもりならば、①女性の経済的基盤の安定、②法律婚による夫婦からしか子どもは産まれるべきではないという、旧態依然とした家族規範の刷新、以上2点が必要である。だが、現実的には女性の貧困も、保守的な家族観もまったく改まっていない。

本気で少子化対策に力を入れるならば、究極的にはシングルマザーでも子どもを産み育てやすい社会にならなければ、女性は自分の判断で子どもをもつことが選択できない。だが、この国の婚外子出生率（法律婚をしていない女性から産まれてくる子どもの割合）は2％程度。少し前まで1％を切る少なさであった。拙書『シングルマザーの貧困』（2014年、光文社新書）に詳細を書いたが、この国のシングルマザーは8割が離婚によるもので、選択的未婚の母は全体の8％に満たない。

一方、先進諸国で北欧やフランスなど出生率が回復している国は、いずれも過半数ないしはそれに近いくらいの婚外子出生率である。これは必ずしも女性1人で育てているわけではない。たとえば、スウェーデンのサムボ（同棲、事実婚）法や、フランスのPACS（連帯市民協約）のように、従来の法律婚ではないがそれに準ずる権利が保障され、共同生活を営むカップルが持続的・安定的な関係をもつための契約制度があるためだ。

1970年代以降、スウェーデンやフランスでは、必ずしも婚姻関係を結ばずに同居するなど、カップルの多様化が進んだ。先進諸国では70年代から少子化対策が必要とされだしたが、同2国はいち早く家族制度改革に取り組み、一定の成果を出した国である。これは、家族世帯単位から個人単位へと社会保障制度改革を行うことと同時に進行してきた。

一方、日本ではシングルマザーには貧困の問題がついて回る。婚外子に対する差別的処遇も長らく残っており、子どもは「嫡出である子」と「嫡出でない子」に分けられていた。

後に、住民票の記載は95年に、戸籍の記載差別は2004年に是正された。さらに、2013年12月5日に民法の一部を改正する法律が成立し、嫡出でないこの相続分が嫡出子の相続分と同等となったが、改正にいたるまでには激しい論争があった。

同年10月、安倍晋三首相は参院本会議で「不合理な差別は、解消に向けて真摯に取り組む必要がある」と述べたが、11月に最高裁が婚外子相続規定に違憲を下した際は、保守派議員から「なぜ正妻の子と『めかけさんの子』に違いが出るのか調べて理解してもらわねばならない」「『不貞の子』をどんどん認めていいのか」などの過激な発言が見られた。

私は、嘆息した。今は、本当に21世紀なのだろうか……。法律婚外の子ども＝「めかけの子」「不貞の子」という決めつけが、明治期の妻妾同居に反対して起こった婦人運動を彷彿とさせるが、彼らの頭の中身は、たとえば事実婚など必ずしも婚姻によらないカップルや、ましてやセクシュアル・マイノリティーのカップルなどについては、想像の範囲外なのだろう……。もしかしたら、この国で一番深刻な「時間差」は、この国の現実と永田町とのあいだに横たわっているのかもしれない。

ともあれ、筆者はこの現実と齟齬をきたしている家族規範もまた、「社会的不妊」の一環であると考える。これに着手せず、女性個人の時間調整で対処すべきとの観点が根底から改定されねば、この国の女性は、いや男性もまた救われないだろう。

＊1　国税庁「民間給与実態調査」。
＊2　総務省統計局「就業構造基本調査」。
＊3　山田昌弘・白河桃子、２００８年『「婚活」時代』ディスカヴァー携書。
＊4　内閣府、２００５年「国民生活白書」より「(妻の就業状態別) 子育ての手助けを頼る相手」。
＊5　山口一男、２０１３年９月「ホワイトカラー正社員の管理職割合の男女格差の決定要因——女性

であることの不当な社会的不利益と、その解消施策について」独立行政法人経済産業研究所。

＊6　香川則子、2015年『私、いつまで産めますか？　卵子のプロと考えるウミドキと凍結保存』WAVE出版、29頁。

＊7　前掲書、51―52頁。

第3部　時空の歪みを超えるために

第1章　不寛容な日本の私

「ダイバーシティ（多様性）」容認は日本に根づくか

これまで見てきたように、日本の男女のあいだに横たわる「時空の歪み」は、数々の軋轢をもたらしてきた。日本社会は、男性・女性といった性差が、個々人の個性より過剰に重視される特性をもつため、旧来の均質的な性役割に適う生き方以外の選択肢が乏しい。

この日本社会の均質志向は、安定した社会を前提としてきた。だが、社会構造の変化でその「安定」はすでに失われつつある。この国の抱える問題は、安定はすでに失われているのに、均質性を目指す言説は依然として根強い点に集約される。いや、安定性が失われたのは、個々人が均質的な（つまり旧来の規範に沿った）生き方をしないからだ、という転倒すら起きている。

たとえば、「若者がしっかり人生設計しなくなったから、フリーターをはじめとした非正規雇用が増えている」「女性が外で働くようになったから結婚も出産も遠のき、少子化に歯止めがかからない」「若い男女は、相手を選り好みしてばかりで責任感もないから結婚したがらない」……等々の声は方々でざわめいている。旧来の家族像を「復権」すれば、おのずと社会の安定性も戻ってくる……そんな「信仰」も見え隠れしている。

不安定な時代の入り口に立ったとき、人は思いきって新しいことに挑戦するよりも、むしろかつての安定した状態を過度に模倣する傾向があるように思う。だが、時計の針は巻き戻せないように、たとえかつての均質的で規範的なライフスタイルを選択したからといって、かつてのような安定が得られる保証はない。

旧来の日本社会の「安定」は、戦後昭和の高度成長期を中心に形作られたものであり、この時期は、年率平均９％を超える高い経済成長が社会の基底にあった。それは、国内外の諸条件が合致した幸運な時代でもあった。

高い経済成長も、社会の安定も、そして均質的な国民生活やライフコースも、相互に関連し合って社会状況を編み出していった。日本の高度成長期の好景気は、均質的で規範的な国民生活によってもたらされたものではない。高い経済成長と第二次産業比重の大きかった産業構成比のあり方、それに対外的にはまだ新興国の台頭もなく、東西冷戦構造下「アメリカの核の傘の下」にいればよかったという国際政治状況など、さまざまな要因が背景にある。これらが結果的に社会の安定に結びつき、国民生活を均質化させ、それが規範化したと考えるべきだ。

だが、ひとたび高い経済成長が失われると、再びそれを獲得するための条件整備として、かつての均質性や規範的な生活が強調されることすらある。思うに、幸福をめぐる物語というのは、このように転倒しやすい。当初結果であったものが、いつの間にか原因として希求されるのである。

近年、日本ではさかんに職場や地域コミュニティにおける「ダイバーシティ（多様性）」尊重が論じられる。それは、第一に「超」少子化が進むこの国で、労働力の維持、単身世帯増加や平均世帯員数減少などにより、介護などケアワークを抱える人の増加にともなう柔軟な働き方容認と、そのための環境整備が求められていること。第二に、グローバル化や被雇用者における女性割合の増加などにともない、これまで異質な他者とされてきた人々と共存・共働の必要に迫られてきていること、以上2点による。

多様性は、「理念」としては浸透しつつあるが、「現実」は依然として多くの課題を内包している。繰り返すが、日本社会で高度成長期に成立し、普及した生活文化スタイルは、歴史に鑑みても極めて均質性が高い。それは、生活観・家族観・労働観を包摂しているため、刷新には多大な困難をともなう。

たとえば家族観についていえば、日本の家族世帯は性別分業を前提とした生活時間配分が根強く、家事・育児・介護などの無償労働は、女性が主たる担い手となっている。他方、産業構成比の変化や、若年層を中心とした男性の総体的な賃金低下傾向から、上述したように1997年以降、被雇用者世帯であっても専業主婦のいる世帯を共働き世帯が上回り、昨今も広がり続けている。

個々の世帯が家計破綻リスクを回避しつつ次世代を再生産するためには、夫婦共に働き、かつ協力して出産・育児がしやすい社会設計へと導引する必要がある。これは極めて合理的な見解といえる。だが、なぜこの「合理性」は、今なお既存の「常識」と軋轢を生じるのか。

家族や生活スタイルの問題は、経済合理性と社会規範双方からの検討を要する領域である。個人の生活に鑑みれば、それは「必要」と「望ましさ」の分裂という課題となる。これらは、さまざまな軋轢となって表れている。

たとえば、個人の「必要性」からの空間移動が、世間一般の「望ましさ」との衝突をきたした典型例が、「ベビーカー論争」である。これは、1950年代以降さかんに問われてきた主婦論争の現代版ともいえる。さらに、子どもの声を「騒音」とみなし苦情の申し立てを行う住人や、「妊産婦が交通機関等を利用する際に身につけ、周囲が妊産婦への配慮を示しやすくする」との意図で導入された「マタニティマーク」への反感など、かつて「私的領域に押し込まれてきた女・子どもの身体」が公共の場に可視化されることへの反発は大きい。

この論争は、日本型不寛容さの象徴ともいえる。いわゆるマタハラ（マタニティ・ハラスメント）やパワハラ、セクハラのように雇用の場での法律違反として処断されるべき対象ではないが、日常的な軋轢を生む問題の典型例であるので、以下に少し検証してみたい。

「ベビーカー論争」の経緯

昨今、公共交通機関を利用するベビーカーへの視線が厳しい。私鉄9社や都営地下鉄で、ベビーカーを折り畳まずに乗車できるようになったのは、1999年のことである。背景には、バリアフリー化推進や子育てを社会で応援しようとの配慮がある。さらに2006年のバリアフリー新法施行を受け、07年から国土交通省「公共交通機関の車両等に関する移動等円滑化整備ガイドライン」が公開された。この中でも、対象者として乳幼児連れの旅客が「ベビーカーを使用している場合」の想定があげられている。

だが、このようなバリアフリーの「理念」に反し、通勤客の「感情」は極めて冷淡である。「場所をとる」「危険」「邪魔」、そして最終的には子連れで利用する機会の多い「最近の母親」の「マナー違反」を批判する声へと収斂するのが特徴である。これに関して、2012年夏から新聞紙面ではいわゆる「ベビーカー論争」が勃発した。

論争の口火を切ったのは2012年7月15日付産経新聞「ママの〝劣化〟、子供優先車両求む声」掲載の日本子守唄協会・西舘好子理事長のインタビュー記事である。

西舘は、「電車・バスという公共の場では守るべきマナーがあるはずだ。ラッシュ時には使用を控える（畳む）とか、空いているときでも周りの乗客の邪魔にならないように配慮するとか。残念ながら、こうした公共心が欠けている人たちが最近は目立つ」と述べ、「母親と赤ちゃんは、身体を密着させている状態が安全のためにも、精神的にも一番いい。かつては買い物や散歩に出かけるときは『おんぶ』が当たり前だった」「長い間培ってきた育児の知恵や伝承が急速に失われつつある」と、伝統の復活を強調した。

また、おんぶやだっこでの移動は体力的に大変との声もあるとの意見に対し、「決してお母さんだけを責めるつもりはない」が、「赤ちゃんを育てる一時期だけは、楽したり、おしゃれをするといった考えは捨ててみてはどうか。ベビーカーもまるで、ファッションの一種であるかのように、豪華さやおしゃれ度を競い合っているような人もいるように思える」と述べた。さらに、最近の若いママさんの育児について感じることは、と問われ「女性の劣化を感じる」「今一度、育児の『伝承』を取り戻さねばならない」と論じている。

要約すれば、ベビーカー利用者の公共性の自覚による「自粛」こそが個人のマナーであり、母親がおしゃれをすることを含め自由にふるまうことへの批判、そしてそれらへの解決法は「伝統的育児の復権」ということになる。

これに「応戦」する形の構成でインタビューに答えたのは、子育て支援コミュニティの理事でモデルの日菜あこである。「今やママだから外出を控えるという世の中ではなく、ベビーカーを持っていないママの方が少ない時代。だっこやおんぶでの移動はやはり体力的に大変」「特に小さい子供が複数いる場合、ベビーカーなしの移動は考えにくい」と、ベビーカーの必要性を訴えた。だが、周囲の目は温かいとはいえず、「『ベビーカーが邪魔で降りられない』とか、『こんな時間に乗るな』とか、文句を言われたり、舌打ちされることもたびたび」と述べている。

だっこやおんぶのほうが赤ちゃんには安心だという意見もあるが、との質問に対しては「一番、大事なことは『母親に余裕があること』。余裕がなければ、子供のことを十分に気遣うことはできない。だから、それぞれのママが、自分がやりやすいスタイルを取ればいいのではないか」と回答。さらに、ママ側のマナーはどうかとの質問に対しては「問題がある人もいるかもしれないが、多くのママはマナーに気をつけていると思う。私の場合、混雑時はできるだけ避けて、朝早く乗ったり、2、3本電車をやり過ごすことも多い。また、十分なスペースがないときは、ベビーカーは畳んで、だっこするのだが、腕がちぎれそうになってしまう。それに、子供がぐずったらどうしようと、いつもヒヤヒヤし通しで、肩身が狭い」と、気遣いと肩身の狭さを述べた。先に引用した西舘氏との意見の最大の齟齬は、母親の余裕やスタイル重視という視点である。

この問題は、母親像をめぐる世代間ギャップともいえる。西舘は72歳、日菜は27歳（いずれも紙面掲載当時）であり、45歳の年齢差がある。祖母と孫世代の育児観ギャップと考えるのが妥当である。女性がベビーカーで電車に乗って繁華街に行くかどうかについては、年齢によって大きく隔たりがある。日経産業地域研究所調査によれば、ベビーカーを使用すると回答した女性は、40歳代前半で8・4％だが、30歳代では

20・1%、20代後半では23・5%となっている。[*1] これは、近年公共交通機関へのエレベーター設置が普及するなど、環境整備の「成果」ともいえる。

「ベビーカー論争」への分析的視角

その後、2012年8月26日付朝日新聞「電車内のベビーカー利用に賛否両論　啓発ポスター引き金」では、母親の労苦を訴えつつ中立的な記事を掲載した。「首都圏の鉄道24社と都は3月、利用者に呼びかけるポスター約5700枚をJR東日本や私鉄、地下鉄の駅に貼り出した。少子化対策の一つで、担当者は『赤ちゃんを育てやすい環境をつくる』と話す」。

だが、この呼びかけに対して「利用者から『ベビーカーが通路をふさぐ』として、ポスターに対する疑問の声が都に寄せられた。都営地下鉄には『車内でベビーカーに足をぶつけられた』『ドアの脇を占領され、手すりを使えなかった』との声が相次いだ」。さらに、「JR東日本にも『ポスターがあるからベビーカー利用者が厚かましくなる』『ベビーカーを畳もうというポスターも作って』と意見が寄せられた」とのことである。

「JR東日本は列車内のベビーカー利用を認めてきた。かつて駅や車内でベビーカーを畳むよう呼びかけた私鉄9社や都営地下鉄」も、「母親の要望を受け、『周囲に迷惑をかけない』ことを条件に利用を認めるようになった」。また、「ポスター掲示を続ける小田急電鉄は、乗務員が車内を回る際、ベビーカー利用者に『通路をふさがないでください』と声かけをしている。『母親の育児ノイローゼを防ぐためにも外出は効果的』という都は、母親向けに『車内でもベビーカーから手を離さないで。暴走車になっちゃうよ』とマナー向上を呼びかけるチラシ約5万枚を保育所などで配っている」という。

その後、読者欄や女性週刊誌など数多くの「当事者」と「批判者」の声が寄せられたが、次第にこの論争への社会学的見地からの論評が行われるようになった。その代表が、澁谷知美の「子供を産んですみませんと思わせる社会」[*2]である。澁谷の指摘によれば、1973年にも「ベビーカー論争」が起こったという。同年、国鉄・私鉄・地下鉄はベビーカーの車内への乗り入れを禁止。理由は、「ベビーカー禁止であり、ほかの乗客の迷惑になる」というもの。当時はデパートもベビーカーが危険で、都市の商業地域は実質的に子どもを大きく排除する構図をもっていた。澁谷は、次のように述べている。

「2010年代になっても母親の肩身の狭さは変わらない。母たちはいう。『いつもいつも周りに迷惑をかけていないか、冷ややかな視線を向けられていないか、ドキドキしながら外出しています。／最近のベビーカー論争で、さらに小さくなって過ごしています。／お出かけはとても不安でした。これだから若いお母さんは！と言われたらどうしようと周りばかり気になっていました』（中略）『子供を産んですみません』の思いは現在の母親も抱いている。40年という歳月がいったい何を達成したのかと情けなくなる」と。

この「子どもを産んですいません」の感覚は、第2部で述べた「社会的不妊」の一環だろう。この社会に蔓延する「子ども排除志向」が具体的な批判の声となって向けられた際にわき上がる、母親たちの率直な感想はあまりにもせつない。なぜなら、批判の声が向けられているのはベビーカーや幼児そのものではなく、ベビーカーで公共の場に来ることを選択した母親だからである。澁谷はこの点を考慮し、次のように論じている。「混んだ電車の中で、目の前の人が邪魔で手すりがつかえないといった事態そのものはよくあることだが、相手がベビーカーに乗った赤子と母親だと『占領』だと感じてしまうのは、当人の認識のほうに問題があるのだと考えざるをえない。どこかで、おんな子どもはもっと小さくなっておれ、女は育児で苦労して当たり前と思っているのではないか」と。

たしかに1973年と2012年では、鉄道会社の対応は大きく変わった。ベビーカーの乗り入れに対し、前者は「禁止」、後者は「周りの方のお心づかいをお願いします」と他の乗客の理解を求めている。だが変化の主要因は、国家的命題である「少子化対策」であると澁谷は指摘し、次のように疑問を呈している。

現在、「国家プロジェクト遂行の『手段』としてベビーカー利用が容認されている」が、果たして「少子化ではなかったら、お国のためでなかったら、ベビーカーを使ったらダメなのだろうか？　少子化対策と関わりなく、1人の人間が育つことを、保護者がラクに育児できることを、鉄道会社がもっと支援できないのだろうか？　鉄道会社だけでなく社会全体がそのような発想を持つことはできないのだろうか？」と。

このような視点から行き当たるのが、「公共性」概念だと澁谷は論じる。「〝公共〟交通機関というぐらいだから鉄道はさまざまな人が乗れる空間でなければならない。大人も子どもも、障がい者も『健常者』も、いろいろな人が乗れる空間、それがほんらいの鉄道の姿」だが、実際は「大人の『健常者』が威張っていて、ベビーカーが乗り入れるとイヤな顔をされる空間」だという。

翌10月2日付朝日新聞で、人材コンサルタント・城繁幸「ベビーカー論争に見る公私の曖昧さ」で同じく「公共性」の観点から論じている。城は人事評価の立場から、私企業内で、通常の勤務をこなす男性従業員が、育休取得や短時間勤務の女性従業員が同じボーナスをもらうことへの強い不満を抱いている点を指摘。そして、会社は営利組織である以上、この場合は男性従業員が正しいと断言した。

だが、公共交通機関内でのベビーカー乗車は、完全にベビーカー利用の母親の意見が正しいと論じる。

「電車の中は営利組織ではない公共の場であり、結果の公平さも保証されるべき」だと。さらに、次のようにも述べた。「『女性はもっと働け』という意見と『通勤時は通勤者を優先しろ』という意見は、一見すると同じスタンスに立つもののように見える。だがその根っこには〝公〟と〝私〟の混同があり、日本においてはそれが深く根を張ってしまっているように思う。〝私〟の中では自由に競争させつつ、〝公〟の中での公平さを実現するような社会になれば、この種の不毛な論争は消えてなくなるだろう」と。

この意見は、日本における「公共性」概念の曖昧さと、そこから生じる誤解や軋轢を示唆するものといえる。

理念と感情の齟齬はどこから?

日本におけるベビーカー（乳母車）は、1867（慶応3）年に福沢諭吉によってアメリカから持ち込まれたのが最初だという。だが、一般に普及したのは戦後のことであり、高度成長期の第二次ベビーブームより少し後の1978年度には、すでにSGマーク認定のベビーカーは80万台を超えていた。以降、年によって多寡はあるものの全体的には減少傾向を示し、2002年度では全盛期の半数未満の39万6000台になっている。[*3] このように、普及台数の減少にもかかわらず、上述してきたように、ベビーカーへの反感の声は近年高まりを見せている。

私見では、おそらく多くの通勤客は、多様な乗客の利用やバリアフリーの理念には賛成、だが現実に混雑した通勤電車でベビーカーを目の当たりにしたときには、「邪魔」と感じてしまうのではないか。根底には、通勤時間帯が集中せざるを得ない硬直した雇用環境や、改善困難な交通事情などの問題が横たわっている。むろん、個人のマナーだけで解消可能ではない。

そもそも「公共性」とは、誰もが利用可能という「公開性」と、みなが同じルールを共有すべしという「共通性」、これら相反する原理を内包する概念である。たとえば国の定めた共通語としての「公用語」は、まさにこの矛盾のうえに成り立っている。一つの公用語を指定し、公的機関や教育の場で使用すべき言語とすれば、おのずとその言語を母語としないものは情報へのアクセスが困難となる。一方、同じ空間を共有する人間同士の円滑な意思疎通のためには、共通の言語選択が自ずと必要となる。このように、公共性はその内部に矛盾する原理を内包している。

「公開性」を意味する典型的な言葉はドイツ語の Öffentlichkeit である。この語は誰もに開かれてあること、それゆえ特定の集団に限定された利害関係を廃することを前提とする。一方、共通性の語源はラテン語の res publica である。この語は共同体や共和国をも意味し、共に同じ空間や利害関係を共有することを含む。

障害者や乳幼児連れの保護者、足の悪い高齢者など、ルールをはみ出す身体的条件を有する者は、公開性のもとに利用しても、共通性の観点から排除の憂き目に遭う。さらに交通弱者の中でもベビーカー使用者がことさら批判されるのは、現在の日本で子育て中の親は、「弱者と認定されない弱者」であるという事実による。

今日の社会では、障害者や高齢者など、自ら選択したわけではない機能障害（disability）を抱えた者は弱者と容認されやすいが、妊産婦は容認されにくい。これは、妊娠・出産は自己選択の結果であり、ゆえに妊産婦や乳幼児の身体は、当人や保護者の個人的責任によって管理されるべきとの見解による。

一方、周知のように「超」のつく少子化の最中、年少人口は減少の一途をたどっている。すでに子育て世帯数は単身世帯数を下回り、事実上少数派である。2010年国勢調査によれば、夫婦と子ども（18歳未満）から成る「標準世帯」は27・9％だが、「単独世帯」は32・4％で世帯類型としては最も多い。平均世帯員数も1990年に2・99人と3人を下回り、2010年には2・42人となった。背景には、3世代同居の減少と、それにともなう高齢者の夫婦のみ、ないしは単独世帯の増加、若年層の晩婚化・非婚化、少子化などの影響がある。

すでに数のうえでは少数派となった年少者やその保護者だが、「標準世帯」の名が示すように、多数派のイメージは変わらない。この「見えないマイノリティ」としてのあり方こそが、女性のあり方を決定づけている。

大きすぎて見えない問題を、英語では「リビングにいる象」という。見慣れすぎて、異常が日常風景に親和し、誰もそのおかしさに気づかなくなっている状態を意味する。私は、この国でベビーカーを押す女性が電車利用の際、白い目で見られることも、第1部で述べたように中高年男性が昼間郊外住宅地にいると「事案」化されることも、同様にこの「象」ではないかと考える。「マイノリティとはみなされない巨大なマイノリティ」の問題は、日本社会の不寛容さを示す切断面である。

多様な背景をもつ人々が協業することについて、その理念に真っ向から反対する人は少ないだろう。だが、それが「妊産婦」「乳幼児」「外国人」などの身体性をともなって現れると、途端に難しくなる。身体性と感情は、理念上肯定し得るものをあっけなく覆してしまう。

多くの人は、理念は寛容なつもりで、その実感情は不寛容なのである。人間の感情を法制度などで取り締まることはできないので、解決は難しい。ただ、この点を認識したうえで条例や法制度は作られるべきである。だが、現在日本では真逆のことが起こっている。誰もが寛容であるべきとの前提に立ち、その実、不寛容が蔓延している。

寛容とは、自分に余裕があるときに、気まぐれに弱者に与える「ほどこし」ではなく、誰もが共存協働するための基盤であり、人権の問題でもある。決して「個人のマナー」のみで乗り越えられる問題ではない。言い換えれば、公共性や寛容性が個人のマナーや道徳心の問題に落とし込まれ、小競り合いを繰り返しているような社会の体質を改善しなければ、この国に「ダイバーシティ」が根づくのは困難である。

第1部、第2部で指摘してきたように、男女で就労の場・家庭や地域生活に大幅に「時空分離」させられてきた日本人の生活感は、巨大すぎてかえって見えない「時空の歪み」を生み出してしまった。ベビーカー論争はその軋轢のほんの一例にすぎない。次章では、本書のまとめとしてこれらを解決するための方法について検討したい。

＊1　日本経済新聞社産業地域研究所、2008年『調査研究報告書』

＊2　2012年10月1日付『朝日新聞』掲載。

＊3　水野映子、2004年「WATCHING　ベビーカーからシルバーカーへ」『Life Design REPORT』通号161、2004年5月、32―34頁。

第2章　総合的な「生活者」を考える

ワークライフ・アンバランスな日本の私

これまで述べてきたように、サラリーマン世帯の「時空間分離」に代表される男女の生活区分は、日本社会に大きな歪みをもたらしている。筆者はつねづね、男性・女性といった性別よりも、本人の個性が最大限発揮されるべきと主張しているが、現実的にはそれが極めて難しいことも述べてきた。

日本社会で依然根強い性別分業は、半世紀ほど前の高度成長期に定着したものであり、決して普遍的なものではない。右肩上がりの経済成長と、相対的に安定した一時代に最適化し成立したものである。それゆえ、性別分業はこれらの結果であり、原因ではないことに留意すべきである。

この国の女性の稼得能力や社会的地位の低さは、端的に言って女性差別の構造を生み出している。ここで「差別」とは、山口一男の定義に従って「直接および間接的に雇用、昇進、および賃金の機会に関して不平等を生む社会的メカニズム」を指し、「結果の差を意味しない」ものとする。[*1]

今日の社会は、経済社会としての様相が極めて濃厚であり、「自立」とは身辺的自立と経済的自立の意味で語られることが多い。このため、「一人で食べていくことが構造的に困難」なことが、一方の性に大きく偏っていることは多くの問題を引き起こす。

だが他方、経済的にも社会的な地位においても極めて女性より有利な立場にあるはずの男性もまた、多くの困難を抱えている。この国の最大の問題は、男性の「就業第一主義」に由来する。このため、就業以外の社会参加の道が極めて乏しく、結婚して家族世帯を営む以外にケアを享受しがたい。

男性に一方的に偏った家計責任は、中高年男性の経済的理由による自殺者数の多さ、国際比較から見ても突出した社会的孤立、ホームレスの男性比率の異常な高さ、そして平均寿命の男女格差にもつながっている。あえて言えば、「女性の社会進出」は、女性のためだけのものではない。男性の家計負担を軽減し、人生の選択肢を増やすことに貢献するものである。

たしかに現状では、企業風土はまだまだ均質性が高く、「主流」の労働者は「ケアワークを妻に丸投げ」できる男性労働者である。それゆえ、出産や育児・家事の負担の重い女性は非主流労働者の地位に置かれてしまう。

女性は結婚・出産による離職率が高く、たとえ就業継続できたにしても、男性労働者一般のように昇進・昇級の道は閉ざされがちである。第2部で述べたように、「子どものいるフルタイム労働者」同士の男女の賃金格差は、国際比較で見ても極めて大きい。日本では子どものいる女性の就労継続が極めて困難であり、かつ所得も低いため、おのずと男性への家計期待は高くなる。

日本の婚外子出生率は極めて低いが、これは法律婚のカップル以外から生まれる子どもが、大きな不利益を被ることによる。それゆえ、日本では「結婚＝出産」の意味合いが強く、「1人の稼ぎで妻子を養う」レベルで安定した職に就いている男性以外は、結婚することが難しい。単身男性が社会的孤立に陥りやすい点は、第1部で指摘した通りである。

この負のスパイラルを断ち切るには、この国の強固な性規範を解体し、現状に即して最適化する必要がある。女性の社会進出と同時に、男性の家庭・地域社会進出も進められるべきだ。女性の出産と就労継続とを容易にし、法律婚による標準世帯でなくとも子どもを産み育てやすい社会にすることも必要である。

このことは、単に女性当事者を働きやすくすることにとどまらない。現役世代である生産年齢人口の減少にともない、日本は今後就労人口だけではなく、育児や介護などケアの担い手の減少も避けられない。むろんこれは、今後も現状通り移民の受け入れが乏しいままであれば、との前提に立つ。いや、移民を大幅に受け入れるにせよ、受け入れずに「超」少子高齢化がこのまま進行するにせよ、日本の未来に必要なキーワードは、多様性（ダイバーシティ）への寛容さである。

今後日本では、これまで主流とされてきたような、長期間継続雇用で日常的な長時間労働も辞さない男性労働者モデルからはみ出す就労モデルが増加することは必至である。

これまで専業主婦の妻が一手に引き受けるとされてきたケアワークに従事せざるを得ない男性が増えれば、時短勤務やワークシェアリングなど柔軟な働き方を促進する必要性にも迫られる。長時間就労することよりも、単位時間あたりの生産性を評価する制度を確立し、正規／非正規の線引きが、まるで身分制度のように強固な雇用環境を変えていく必要もある。現状では長時間労働する正社員か、昇進昇給どころか生活保障すらままならない非正規雇用者か、実質この二択しかないのは問題である。企業の側も均質的な成員から、さまざまな背景をもつ成員の協業を促進する必要がある。

少し、シミュレーションしてみよう。

「このまま変わらない日本社会」のシナリオ

２０４５年　×月×日

１９９５年生まれのサトウタクヤさんは、今年50歳を迎えた。妻のミサキさんは１歳年下の49歳、16歳の男の子がいる。職場で知り合い、結婚したのはタクヤさんが32歳のときだ。その１年後にミサキさんが妊娠した。制度として産休・育休制度は整っていたものの、実質的に取得して職場復帰する女性はほとんどいなかった。このため、自然と出産時に退職となった。

長男誕生時にミサキさんは33歳で、できれば35歳までにもう１人産みたいと希望していたが、なかなか恵まれなかった。しかも、子どもが２歳のときに、当時75歳を迎えたミサキさんの父親が要介護となり、ケア負担が増え不妊相談に出向くどころではなくなってしまった。実母は持病を抱えていたので、１人で24時間介護に当たるのは難しい。頻繁に検査入院もある。ミサキさんは同居も考えたが、父は「娘の嫁ぎ先にご厄介になるのは心苦しい」し、「できるだけ長く自宅で暮らしたい」との希望から、自宅での生活を望んだ。

ミサキさんの兄は転勤族で、施設費用などのお金は折半してくれるが、実質的に介護の手助けは難しい。このため、ミサキさんは子どもを連れて自宅から2時間のところにある北関東某県の実家に通うようになった。育児と介護の「ダブルケア」である。近年、晩婚化・晩産化が進んだせいで、この二重負担を負う女性はめっきり増えた。日本の人口はこの年1億人を割り込み、とりわけミサキさんの実家のある地域は、高齢化が進行している。行くたびに、誰それがついに施設入所を決めたとか、亡くなったとかいう話が聞こえてくる。タクヤさんは中堅メーカーに勤めていた。34歳で子どもが産まれたとき、住宅取得を考えるようになり、35歳のときに、首都圏郊外の住宅地に庭付き一戸建てを購入した。35年ローンなので、完済まであと20年かかる。ボーナス時などに臨時返済を柔軟に取り入れるつもりであったが、思うように昇給せず、結局毎月定額を支払うのに手一杯な家計となっていた。

ミサキさんにとって、まだ2歳でオムツも取れていない息子をベビーカーに乗せ、片道2時間をかけて実家に通うのは一苦労だった。できるだけラッシュ時を避けたかったが、あまり遅く出ると今度は帰宅時にラッシュアワーとぶつかってしまう。ベビーカーに足を踏まれたと罵声を浴びせられたり、邪魔そうな目線に耐えなければならなかった。自家用車購入も考えたが、当時一戸建てのマイホームを購入したばかりで、頭金支払いや家具その他の支出がかさみ、その余裕はなかった。このため、ベビーカーに子ども用品を積みこみ、電車に乗らざるを得なかった。

息子が3歳になる前、介護を理由に公営保育所への申請を行った。だが、当時父親は24時間介護が必要なほどではなく、また実母も存命であったため、専業主婦のミサキさんの入所にあたっての優先順位は低かった。また首都圏郊外では再就職希望の女性が多く、保育所は作った先から定員いっぱいになってしまう。

このように待機児童問題はまったく解消されていなかったため、ミサキさんは時間外でも夕方まで預かり保育をしてくれる幼稚園を探し、子どもを入園させた。幼稚園の月額と、別途支払う1月あたりの預かり保育料は高額になったが、背に腹は代えられなかった。

結局3年間、ミサキさんは実家に通った。軽度の内は週1日ほどであり、実家近郊のデイサービスも利用していた。だが次第に身辺自立が難しくなる父親のため、最後のほうには週の半分くらいは泊まり込みで介護にあたり、ついに特別養護老人ホームへの入所となった。

子どもが小学校に入学して間もないころ、ミサキさんの父は亡くなった。ミサキさんは、子どもが小学校2年生になったとき、学童保育を利用してパートに出るようになった。その後派遣社員の職に就き、てきぱきと仕事をこなす働きぶりが評価され、派遣先企業で直接雇用の話が出た。ありがたい話だと思い、受けようと考えていた矢先、今度は実母が要介護となった。結局、派遣社員の仕事は契約継続を断念して、今度は母の介護のため実家に通うこととなった。

間が悪いことに、同時期タクヤさんの両親も要介護になった。実家は四国の某県にあり、両親は元自営業だった。両親とも忙しく働く家の一人っ子であったタクヤさんは、比較的子どものころから家事は手伝ってきた。数年前からタクヤさんの父は要介護となり、母は1人で老老介護の負担を担っていた。だが、長年の心労から、ついに母も倒れ、当初は2人揃って入院となった。

医療費は両親の貯金から工面していたが、それも次第に底をついた。自営業者だった両親には国民年金しかなかった。高齢化率が4割近い昨今、老人医療費の個人負担率も高くなっていた。またタクヤさんにとって、頻繁に四国と首都圏を往復する負担も大きかった。タクヤさんは、思いあぐねて所属自治体窓口に相談に出むいた。その際受けた助言は、両親に生活保護申請を受けさせ、高額な医療費の支出を減らすべきだというものであった。

タクヤさんは、最初驚愕した。生活保護は、本当にどん底の生活をしている人が受給するものではないか、と思った。だが、このまま医療費を払い続けることは困難であるため、扶助費をもらう以上に継続的に医療を受けるためには、結局この制度しかないと説明された。

タクヤさんは、結局助言を受け入れ、実家から両親を呼び寄せ、自宅近くのマンションを両親のために借りた。本当は同居したかったが、同居親族がいると生活保護が受けられにくくなるため、断念した。保護を受けるには、一定水準以下の家賃でなければならなかったが、その条件ではいい物件が見つからなかった。結局大家に事情を説明して、差額をタクヤさんが支払うことにし、表向きは保護費の基準以下の家賃としてもらうようにした。

両親そろって要介護となり、妻のミサキさんも実母の介護を抱えて舅姑の介護まで手が回らない。会社では次長になっていたタクヤさんは、日常的に就労時間が長く、最初はヘルパーの人などを頼んで凌いでいた。だが業績不振を受け、会社は早期退職者を募りだした。タクヤさんは迷いに迷った末、これに応じることにした。

すでにこのころ、昇任は昇給と直結しなくなっていたが、管理職には残業代も出なかった。昇給ベースは鈍化しており、これ以上の昇給は見込めないという事情もあった。何より、介護に必要な時間をまかなう必要があった。退職金は、かなりの部分を自宅のローン繰り上げ返済に使った。それでも、まだ完済には遠い。

転職後、タクヤさんの年収は4割減った。時間は比較的自由になったが、家計はかなりの痛手となった。両親2人を特別養護老人ホームに入所させ、仕事を継続するという選択肢もあったが、2人揃って入所となると費用も嵩む。結局お金より時間を選択した。

「本当に、うちはタイミングが悪かったわね……」

嘆息しながら、ミサキさんが言った。

子どもが乳児の時に、しかもマイホーム取得直後に妻の実父が要介護になった。しかも要介護度が低い時期に子どもは保育所に入所はできず、重度になったころにはもう就学年齢が近かった。ようやく再就職して正社員にと望んでもらったのに、実母が要介護になった。しかもタクヤさんの両親まで、相次いで介護が必要となってしまった……等は本当に不幸な偶然としか言いようがない、と。

「まあでも、しかたないじゃないか」

タクヤさんは言った。

「上を見ればきりがないけれど、世の中には家族がいない人も大勢いて、今は大変な人ばっかりなんだから」

タクヤさんの大学時代の友人は、今3人に1人が結婚していない。先日は、その友人の1人が孤独死した。自宅マンションで急に心筋梗塞を起こしたが、救急車の手配をする余力なく死亡したという。遺体は死亡推定時から1週間以上経過して発見された。ベッド脇に、つかみそこねたらしい携帯電話が転がり落ちていた。

フリーランスのジャーナリストだった友人は、取材で不在のことも多く、近所の人たちも不審には思わなかったようだ。昨今では紙の新聞をとる人も減り、ほぼ電子版ばかりになったので、新聞配達員が溜まった新聞を見て不審がるような機会も減った。個人情報保護法は何度か改正され、いずれも情報保護強化の方向に進行した。このため、民生委員の訪問等も難しくなってきている。

「家族がいるだけ、幸せだよ、僕たちは」

気がかりは、来年大学受験を控えた長男だ。学費のためにもっと貯蓄しておきたかったが、転職によって収入減になってしまった。

「私、お母さんが死んだらもう一度就職活動するわね」

ミサキさんは、ぽつりと言った。

「そんな不吉なこと、言うもんじゃ……」

慌ててタクヤさんはミサキさんの顔を見たが、妻の目はぼんやりとして焦点が合っていない。本当に、疲れているのだろう……。俺がもっと稼げていればなあ……、などと考えた。

テレビでは、今年就任した新首相が、「日本の新戦略構想」について演説していた。ちょうど語られているのは、「女性の就労と出産・育児の両立強化」「待機児童ゼロ作戦」「強く柔軟な経済と社会保障」等々である。

「美しい日本の家庭生活を守ります。若者の結婚への夢を応援し、離婚率を引き下げ、三世代同居にはさらなる減税を課し、おじいちゃん、おばあちゃんにも大いに孫の世話を見ていただき、どんどん女性の就労を後押ししていきます。かつて経済振興のため〝ウーマノミクス〟が推奨されましたが、本内閣は新たに高齢者活用による〝エルダノミクス〟を大胆に推進し、生涯現役社会を目指します」

ミサキさんは、お茶を一口すすってつぶやいた。

「ねえ、これって……私たちが20歳のころに首相が言っていたことと、あんまり変わってないんじゃない？」

タクヤさんは、小さくうなずいた。

（本当に、一生働き続ける覚悟でないと、家のローンを完済できないなあ……）

ふと、そんなことも考えた。タクヤさん一家の住む郊外住宅地は、近年地価が値下がりしている。家族世帯を営む人がめっきり減って、住宅は都心回帰が進み、通勤至便な駅前単身者用でペット可のマンションが大人気な一方、郊外地には空き家が目立つようになった。

(別に家に資産価値を求めてはいないけれど……、不動産を担保にローンを組もうにも、地価が下がる一方だからなあ。家のリフォーム用に、費用を捻出したかったんだけど……)

築15年目のマイホームは、本来とっくに外壁の塗り直しなどをしてリフォームしていなければならなかった。先日工務店に見積もりを頼んだところ、早めに補修しておかなかったせいで、予想を上回る金額になってしまった。

(早めにきちんと補修しておけばよかったなあ……)

タクヤさんは嘆息した。息子は大学受験を控えている。それが済むまでは、家の手入れは後回しにしようか……などと考えた。

「当たり前の選択」の罠を検証する

タクヤさん一家の境遇は、果たして彼らが特別に運が悪く、また判断が誤っていたからだろうか？　少し検証してみたい。

シナリオ分岐点①「タクヤさん34歳時点。妻が離職か就労継続か」

正社員だったミサキさんは、結局出産を機に離職した。雇用機会均等法では、出産を機に離職をうながすことは、あきらかに法律違反である。それゆえ、制度がある以上は利用することは当然の権利であった。

だが結局、ミサキさんは企業風土や「空気」に呑まれて離職を選んだ。もし正社員として就労継続できていれば、多少高額でも介護付有料老人ホームなどへの入所も選択肢に入ったかもしれない。さらに、正社員同士の夫婦であれば、保育料が安い公営保育所への入所がたやすくなる。これらの利点を失うことは、あまりに大きかった。

シナリオ分岐点②「タクヤさん41歳、妻の正社員での再就職を断念」

ミサキさんはようやく小学生になった息子を学童保育に預け、働きに出るようになった。だが、実母が要介護となりせっかく来た直接雇用の話を断ってしまった。おそらく、子どもが小さいときに経験した「ダブルケア」の大変さが身に染みていたことも大きな理由になっていただろう。２０１５年現在、晩婚化・晩産化や家族成員の減少により、すでにこのダブルケアが問題化している点にも注意が必要である。

さて、介護や育児などケアワークを抱えた人たちは、日本の雇用環境ではたちまち「異分子」となってしまう。そのことを考慮し、ミサキさんはまたもや「自然に」離職を選択してしまったといえる。

シナリオ分岐点③「タクヤさん50歳、自身の親の介護のため転職」

現在日本では、ようやく「女性の就労と育児の両立」についての理解は広まりつつある。だが残念ながら、「男性が老親の介護者となりつつ就労を継続する」ことについては、想像すらおぼついていないのではないか。

本シナリオは、現状のまま30年経過した日本を描いているので、もう少し楽観的な未来像を提唱したいところではある。ただ、過去30年にわたって第1子出産後の女性の正規雇用就労継続者割合がほぼ変わっていない点に鑑みれば、おそらくこの悲惨な未来図は、このままでは具現化しかねない。

第1部でも触れたように、親の介護を理由に転職した人で、転職先でも正社員として働いているのは男性で3人に1人、女性は5人に1人にとどまる。転職前後の平均年収を比較すると、男性は約4割減少、女性は半減となっている。

ケアワークの負担は、これまで主として妻が家庭内で行う前提であった。このため、家族成員が減少し生涯未婚率が急増した日本社会では、一気に「ケア資源」が枯渇してしまう。

今まで「当たり前」であった働き方やケアのあり方について、立ち止まって考えなければ、このまま行けばあっという間に「普通の生活の維持」すら難しくなる。日本社会は、全体としてこの大きな分岐点を迎えているのである。

なお、参考までにタクヤさん夫婦のエピソードは、実は実際に周囲の知人などに起こったことを総合している。

家族の条件とは、出産も介護も人間の生命や身体という「自然」を対象としている。それゆえ、不測の事態も起こり得るし、複数の問題が折り重なって立ちはだかる可能性もある。だが現状の社会制度は、あたかも家族が一定不変の条件を備えており、確たる安心の礎であると何の疑いもなく前提しているように見える。それゆえ、ほんの少しの偶然や不運の重なりによって、一気に普通の生活は瓦解してしまう。

このように「安定」を前提する社会とは、実は極めて偶発性に弱く、個々人にとっては「不安定」なのだ。

「どんなときも働くことをあきらめない」社会へ

家具小売り世界最大規模を誇るイケア（スウェーデン）の日本法人、イケア・ジャパンは2014年9月に人事制度を刷新し、既存のパート社員全員に正社員の人事制度適用を行うという。職位や担当業務ごとに正社員の賃金を時給換算し、ポストや業務内容が同じなら、パート社員にも正社員と同じ賃金を支払い、会社への貢献度により昇格・昇給も認められるようになった。

同社は日本国内の本社・店舗あわせて3400人の従業員を抱えるが、そのうち7割がパート社員であった。改革の眼目は、社員のモチベーション向上にあるという。そのために、性別、年齢、国籍、さらには正社員・非正社員の区別もなく、能力を発揮する機会の平等と、介護や子育てなど家族のケア負担が生じても、仕事を諦めずに済む制度を目指す。現状ではパート社員にフルタイム就労を促すのは難しいため、柔軟な労働時間制度を新設。正社員も短時間就労を週ごとに調整可能とするという。

この件について、同社ピーター・リスト社長は、「安心して長く働き続けられる環境が必要」と主張。「長い人生のなかで、どんな局面に入っても仕事が妨げられないことが大事」だと言う。[*2] 育児や介護などに時間がとられれば、日本企業の雇用環境では、就労そのものをあきらめなければならなくなってしまう現状に鑑みれば、この意見はまさに雇用市場の「黒船」である。

就労時間は、パート就労者の一大テーマだ。アイデム「パートタイマー白書」（2012年）によれば、パート・アルバイト就労者の労働時間は、「週10〜30時間未満」が6割を占めている。利点は、「自分の都合のよい時間や曜日に働ける」が7割。パート就労者の大多数が既婚女性であることに鑑みれば、家庭責任の重さから短時間就労を志望する者が多いことは容易に想像できる。

一方、日本企業の主流労働者は、「日常的な長時間労働も厭わない正社員」だ。働くことが、仕事を「する」こと以上に、会社村の住人で「ある」ことが求められる企業風土では、標準的な正社員の働き方は、妻に家事育児を丸投げの男性労働者が基本である。「女性の家事育児と就労の両立」が叫ばれて久しいが一向に解消されないのは、まさにこれまで指摘してきたように、「会社村の住人でありつつ家庭責任を全うする」という無理難題が求められるからではないのか。

会社村型の働き方は、成長率が高く現役世代も多かった時代には合理的だったが、今日では問題が多い。「超」少子高齢化が進行し、現役世代も減少する昨今では、労働者1人あたりの効率の良い働き方が求められる。

ワークライフバランスを考える

いである。

第2部で見てきたように、すでに2015年現在でも女性の時間はいっぱいいっぱいである。もはや、これ以上の負担増は耐えられないだろう。

これらを解決する方途は、愚直な繰り返しになるが、女性の就労と出産・育児の両立を後押しすることが基軸となろう。よく知られているように、OECD諸国では、80年代前半までは女性の労働力率の高まりは出生率にマイナスの効果をもたらしたが、80年代半ばにその相関関係は解消し、その後90年代以降は女性の労働力参加率が出生率にプラスに働くようになっている。これらは、包括的な「ワークライフバランス」進展によってもたらされたものといえる。

他方、日本では女性の就労率の高まりは主として非正規雇用の女性増加によってもたらされており、女性の就労が安定雇用と結びついていない点に注意が必要である。ここで提起したいのは、単なる就労支援ではなく雇用環境そのものの改善である。この点について、先に引いた山口一男は次のように述べている。[*3]

女性が育児休業を2~3年取得して子育てに専念して、それから「同じ職場や同一のキャリアの仕事に復帰したいと考えた」場合、「欧米、特に労働の流動性の高い英語圏のアメリカ、イギリス、カナダ、オーストラリアではそれは容易であるし、オランダや北欧諸国でもそういったライフ・プランニングの実現度は高いと思われる。また、労働市場の柔軟性はこれらの国々よりも低く給与所得の保障はないが、最大3年の育児休業を認めているフランスやスペインも同様である」。一方、「わが国ではいったん正規の雇用を離れたら、元の職場に復帰することはおろか、再度正規雇用を得ることすら難しい状態」である。

それでは「正社員の女性が育児の都合上、職場はやめたくないが2、3年短時間勤務に変わりたいと望んだ」場合、日本では「短時間正社員は1%にも満たない雇用形態」であり、「その結果ほとんどの場合、短時間勤務になるには条件の悪い非正規雇用に変わらざるを得ない」。だが、「EU諸国では短時間勤務が普及し、フルタイム勤務と短時間勤務の均等待遇が法的に保証され、さらにオランダ、ドイツ、デンマークのように雇用者がペナルティーを受けずに短時間勤務に変われることを権利として法的に保障している」が、日本では「ライフステージに応じて就業時間を調整して柔軟に働こうとしても、雇用や労働市場の構造上できにくくなっており、法的なサポートもない」。

さらに、山口はこう指摘する。「ワークライフバランスの理念の重要な目的の一つは、ライフステージの中で人々がどのように働くかを柔軟に選択できるだけではなく、かつその選択によってペナルティーを受けない、あるいは受けにくい、社会制度の構築である」と。

翻って、現在の日本の問題点は、あまりにも「ワークライフ・アンバランス」ともいうべき性別に偏った負担のあり方に起因するといえる。

有給休暇の完全取得と、単位時間あたりの生産性評価を

ワークライフバランスの第一歩としては、性別や既婚未婚の区別なく、あらゆる条件を抱えた人々が、柔軟な働き方ができるようになることが重要である。このためには、多様な働き方に柔軟に応じた時短勤務や、ワークシェアリングの進行、さらに日本の場合、有給休暇の完全取得が有効であるとの意見もある。

２０１５年に厚生労働省は、企業に有給休暇消化の義務付けを検討し、２０１６年4月から社員に年5日分の有給休暇を取得させる義務を企業に課す方針だという。

日本人の有給休暇消化率は、依然低水準である。たとえば、２０１９年「就労条件総合調査」（厚生労働省）によれば、18年中に企業が付与した年次有給休暇日数は、労働者1人平均18・0日。そのうち労働者が取得した日数は9・4日で、取得率は52・4%となっている。

17年度は取得日数9・3日、取得率51・1%であったから、「5割程度の有給休暇消化率」という状況に大きな変化はない。

日本人はなぜ、有給休暇を取得しないのか。早稲田大学教授・黒田祥子は、労働者自らが休暇取得日を申請という現行制度の問題を指摘する。自己責任での休暇申請は、職場に対する遠慮から労働者が休暇を申し出にくい雰囲気が醸成されやすく、結果有給休暇消化率が低下している、と。[*4]

実際、年次休暇取得の際、ためらいを感じる人は7割、さらにその理由は「みんなに迷惑がかかるから」が7割だという。これに対し、バカンスが労働者の権利として定着しているヨーロッパでは、企業が年初に誰がいつ長期休暇を取得するのかを決定し、時期が重ならないよう配分する仕組みとなっている。彼我を比較すると、日本では「同僚との休暇取得時期が重ならないための情報収集」から「周囲に迷惑がかからないための配慮」にいたるまで、あらゆる決定コストを労働者個人に負担させている。有給休暇消化率が上がらないのも当然だ。

経済学者の桜本光と福石幸生によれば、現在日本で未消化となっている年次有給休暇が完全取得されると、旅行やレジャーなど対個人サービスや、さまざまな輸送サービス・宿泊サービス、卸・小売サービス分野を中心に消費の喚起が見込まれる。この家計消費拡大は、幅広い産業部門に生産波及効果をもたらすことが見込まれ、直接・間接効果は、約15兆円にも上り、約188万人の雇用創出効果が確認されるという。[*5]

さらに、誰もが毎年長期休暇を取得する慣行が定着すれば「1人の正社員が多様な仕事を丸抱え」する働き方では対応できず、常態的なワークシェアリングが必要となる。情報の共有、仕事の細分化、短時間・短期間の就労でも生産性が下がらない仕組みも必要だ。

これは、少子高齢化と生産年齢人口減少が必至の日本で、育児や介護など家族のケア負担を抱えつつ就労する労働者を包摂する上でも大いに役立つ。まさに、有給休暇消化の義務付けは日本を救うのだが、問題は現行の旧態依然とした企業風土や導入初期のコストである。クリアすれば、必ずや未来は開けると強調したい。

周知のように、日本のGDP（国内総生産）は、今のところ世界第3位。近年中国に抜かれたとはいえ、まだまだ経済大国ではある。だが、日本人は効率のよい働き方をしているのかについては、これまでも疑問視されてきた。これを裏付けるのは、日本の「労働生産性」、つまり「購買力平価で換算した年間GDPを労働投入量で割った算出した労働生産性」の低さである。

さらに、「時間あたりの労働生産性」を見てみると、日本は46・8ドルとOECD

加盟36か国中21位、先進国では最低レベルである。参考までに、時間あたりの生産性の高い国は、1位アイルランド（102・3ドル）、2位ルクセンブルク（101・9ドル）、3位ノルウェー（86・7ドル）と上位国の半分程度となっており、アメリカ（74・7ドル）や、G7平均（62・8ドル）、OECD平均（56・1ドル）と比べても極めて低い結果となっている。*6

長時間で生産性の低い労働に、有休すらもまともに取れない企業風土は、まぎれもなく時間あたりの生産性を評価しない体質によるものといえる。

「オランダの奇跡」と政労使合意

単位時間あたりの生産性評価を徹底させた著名なモデルとして、90年代初頭のオランダにおける革新的な労働制度改革があげられる。これは、「オランダの奇跡」(Dutch miracle）と呼ばれる劇的な経済復興をもたらした。91年から95年の経済成長率は、EU全体が1・5％であったのに対しオランダは2・1％、さらに96年から2001年はEUの2・5％に対し、3・3％を記録した。また最大の問題であった高失業率も激減し、90年代後半には3％台となった。

これを可能にしたのが、82年11月のワッセナー合意以降の徹底した経済改革である

(Visser and Hemerijck, 1997)。ワッセナー合意には、大きく3つの要点がある。第一は、労働団体が賃金抑制へ協力したことである。それまでは不況下でも年率6％の賃上げが続けられていたが、労使間の合意で2％以下に抑えられ、かつ賃金の物価スライドも凍結された。第二は、使用者側が雇用の拡大と時短の推進を行ったこと。第三は、減税の推進と社会保障の大幅見直し、以上である。

とりわけ雇用条件については、1996年に「労働時間差別禁止法」の制定によりパート労働者とフルタイム労働者の雇用条件上の差別が撤廃された点が重要である。これは賃金、労働時間、年金、雇用の試用期間等のすべてについて「平等」に取り扱うことを趣旨としている。労働時間あたりの賃金格差が是正され、人々は自らの生活・就労形態の選択肢を増やすことができた。

その結果、オランダでは週約36～38時間で週休2日の「フルタイム労働」、週約30～35時間労働で週休3日の「大パートタイム労働」、週約20時間の「ハーフタイム労働」、臨時就労の「フレキシブル労働」*8の4つの働き方が可能となった。このため、就労時間と家事や介護などのアンペイドワークを家族がどのように分かち合うのかについて柔軟な対応が可能となり、97年には全従業者の38％がパートタイム労働者となった。これは同時期のEU全体でのパートタイム労働者比率が16・9％であったことと比較しても、極めて高い比率だといえよう。

また、ワークシェアリングの推進とともに、就労への後押しも積極的になされた。90年に長期失業者の職業訓練と就職斡旋、92年に若年労働者の職業訓練と雇用機会充実、95年に失業保険受給者の職業訓練受講の義務化が掲げられ、「ウェルフェアからワークフェアへ」といわれるような政策が推し進められた。その一方で、社会保障費は切り下げられた。86年には失業保険給付が80%から70%へ減額され、給付期間も2年半から6カ月に短縮された。同様に93年には、障害保険の受給資格の再審査および判定の厳格化、98年には障害保険等の民営化が行われるにいたった。これらの社会保障の切り下げおよび審査の厳格化は、「隠れた失業者」といわれる福祉国家内でのモラルハザードを打破することに役立った。[*9]

このように政労使すべてが「痛み分け」を受け入れることに合意した背景には、オランダ独特の「合意形成」[*10]を重視する文化・社会的背景がある。右派・左派・中道といった政治的派閥相互の連携として注目された合意形成の巧みさは、歴史的産物ともいえよう。これを可能にしたのは、オランダの風土性に立脚したコミュニティ基盤と文化的背景である。

合意形成を容易にした背景

日本では「オランダモデル」として知られる90年代オランダの経済復興モデルであるが、正式には「ポルダーモデル」(Polder Model) とよばれている。ポルダーとは、海や湖、河川を埋め立てて造った干拓地のことであり、一般的にはオランダ北部・西部、ベルギー北部の海抜1メートル以下ないしは海面下の広大な干拓地域を指す。「低地の国(ネーデルラント)」の名の通り、干拓と治水によって造られたこの地域には、12世紀から「水域管理局 (waterschap)」と呼ばれる組織がある。これは地域の堤防を保全し、水位を管理するための「団体」ないしはその「治水管区」を意味する。

オランダの有名なことわざに、「神が海をつくり賜い、バタウィ人(古代ローマ時代におけるオランダ地方の住民)が海岸線を築いた」というものがある。オランダの国土の3分の1は、12世紀以降800年近くにわたる干拓によって造られたものであり、2分の1は海抜ゼロメートル地帯にある。

古くは紀元前1世紀に、フリースラント人たちが洪水から身を守るために築いた盛り土の丘(テルプ)があり、この地域に住む人々が2000年以上前から冠水の危機と戦ってきたことを示している。

フランスの地理学者、オギュスタン・ベルクは、「自然はつねに媒介され、社会化され、文化的なものとなる」[*11]と述べたが、まさにオランダでは、長きにわたる治水・干拓の歴史が強固な地域社会の連帯と合意形成のための協議を尊重する文化を形成した。たとえ敵対するコミュニティ同士でも、ひとたび水に浸食される危機を迎えたら、一致団結して協力し治水を行わなければ、たちまち土地は水没する危機をはらんでいたからである。

同時に歴史的に専制君主がいなかったこと、宗教的多様性に比較的寛容であったこと、これらがオランダ独特の「柱状化社会（verzuiling）」と呼ばれるものの根底にある。この「zuil（ザイル）」は列柱と訳される語であり、この場合「宗教や思想を同じくする人を集めた柱のような集団」を意味する。つまり「柱状化社会」とは、列柱が建築物の屋根を支えるように一定の距離を保ちつつ共に並び立ち、その上の「屋根」であるオランダ社会を支えている様子にたとえられたものである。

「柱状化社会」成立の起源は19世紀に遡る。オランダでは宗教改革以降、カトリックとプロテスタントが排除や差別を含む複雑な宗教史的経緯を経て、19世紀にはともに聖職者のもとで政治勢力を形成した。同時期、新興ブルジョワ層が地主や金融資本家などの保守派に対して自由派を結成し、自由主義を標榜して政治・経済の近代化を志向し、工業化と民主化が推し進められた。この産業革命と民主政治発展の時期、自由主義・カトリック・プロテスタントの諸勢力を中心に社会の再編成が行われ、さらに19世紀末には社会主義が登場し、これらと同じく社会的・政治的集団を構成するにいたった。

20世紀に入り、自由主義派閥が宗教と教育の分離をはかり、公立学校を通じた世俗化を推進しようとした。これに危機感を抱いたカトリックとプロテスタントは旧来の対立関係に終止符を打ち、国家による教育への介入に反対し、1917年には宗派別学校の公立並みの国庫補助の実現に成功した。これ以降、オランダでは対立する集団が互いに距離を置きつつ連携する文化が定着したといわれる。[*12]

さて、このように70年代までのオランダの社会は、大きくプロテスタント、カトリックの宗派別、社会主義・リベラルの政治信条別、計4つの「列柱（＝社会集団）」に分かれて国家を形成してきた。どの集団もそれぞれが、教育機関、労働組合、社会福祉、スポーツや文化団体、政党、新聞、放送局、小売店などの組織を内包している。したがって、カトリックの、プロテスタントはプロテスタントの学校で教育を受け、それぞれの「列柱」に属するメディアに接触し生活していた。同様に、企業に勤める労働者もまた、垂直的にそれぞれの「列柱」が組織する労働組合に所属しつつ、同時に横断的な産業別労働者連盟に加入して使用者連盟と賃金協約を結んでいた。政党もこうした「列柱」により支えられてきた。

たとえばキリスト教民主主義諸政党は、自由主義や急進的社会主義を批判し、ネオ・コーポラティズム的労使協調や漸進的社会改革といった中道路線を志向してきたが、これらは「列柱」内／外での協議に努力するという特質によって機能してきた。政治レベルではそれぞれの代表者が調整を行うと同時に、必ず2つ以上のグループが連立政権を組むことで社会の統合がはかられた。このことは、もともと教会の指導者たちが、宗派別に自分の担当地域をまとめあげつつ、他の地域や宗派集団と協力する必要に迫られたことから派生したとされている。

危機を可視化する文化

現在、オランダでは柱状社会の統制形式それ自体は廃れてしまっているが、今日でも「自らの所属地域・文化集団ごとに閉じられたまま、他の地域・文化集団と連帯する」文化は、オランダのコミュニティ形成のあり方や文化的背景に根強く残っていると指摘されている。[*13] このように、浸水という「目に見える危機」との戦いであった干拓の歴史は、「環境の制御」と「他者との共存」を重視する精神を培った。

翻って、日本の現状での危機を考える。「超」のつく少子高齢化も、それにともなう生産年齢人口も、諸外国の研究者からはたびたび危機が指摘されてきたが、有効な手段がとられているとは言いがたい。

余談になるが、私もこのごろは「少子化」や「女性活躍」などのテーマでテレビの討論番組に呼ばれることも増えてきた。だが、このテーマは緊急のトピックが浮上するとたちまち差し替えられてしまうことに気がついた。たとえば、「衆院解散総選挙」や「イスラム国（ＩＳ）による日本人人質事件」などが起きると、すぐに二の次三の次にされてしまう……。すでに70年代から今後の少子高齢化が指摘されていたにもかかわらず、なぜこれは常に「後回し」にされてきたのか。おそらく、「いつでも考えられる・後回しにできる」問題とみなされてきたからに違いない。だが、これらはすでに単独の課題を通り越して、日本社会の危機の根幹にある問題だ。

さて、少子化にしても、女性の就労と育児の両立問題にしても、本書で扱ってきた男性の社会的孤立にしても、いずれも「巨大すぎる」うえ、「解決策を施しても結果が出るまでに時間がかかる」トピックである。

現代の日本社会は、「時間」に弱い。すぐに効果の出るもの、現状に最適化したものを最も良きものとして考え、それ以外を非効率、無駄と判断してしまう。だが、人はいつか年をとり、身体も無理が利かなくなっていく。出産期の女性は通常時のようには動けないし、育児や介護を抱えた人は時間をとられる。それらはすべて、「無駄」なのであろうか。

近年は「就活」「婚活」、さらには葬儀や墓の手配も自分で考えようという「終活」なども盛んに喧伝される。もちろん、ライフイベントを効率的にこなそうというこれらの言葉には、一定のニーズも効果もあるのは分かる。

だがこのように、そのライフイベントの一点に集中し効率化をしなければ、人生の重要局面が乗り越えられないという現状は、個々人の人生の自己負担が高まっていることの証左であろう。本来、人間にとってもっとも大切な「活動」は、「生活」ではないのだろうか。この「当たり前の生活」が脅かされているからこそ、人生の効率化に向けた活動が奨励されるともいえる。

第1部で引用した茨木のり子『人名詩集』には、こんな詩もある。いつも見かける、子どものいないらしい老夫婦の仕立屋夫婦を歌ったものである。

この国では　つつましく　せいいっぱいに
生きている人々に　心のはずみを与えない
みずからに発破をかけ　たまさかゆらぐそれすらも

自滅させ　他滅させ　脅迫するものが在る

（『大国屋洋服店』部分）

日常に点在するこの澱は通常見えないが、茨木のごとく高解像度の視界と言葉を持つ人間には、嫌でも目につくのだろう。見える敵は戦いやすいが、巨大すぎて見えない敵は戦う気にすらならないのが人間である。

危機を正視し、その解消のためになし得ること。その第一歩は、性別に大きく偏った時空間の歪みである。近年推奨される「ワークライフバランス」も「ダイバーシティ」も、この歪みを正すことを眼目としている。

そのためにも、今日本社会に最も必要なのは、男性も含めた総合的な雇用環境と社会保障の改善である。

社会保障制度改革は個人単位に

現実の生活の様態に鑑みれば、同じ「被雇用者の妻」でも、育児や介護などケアワークの負担が重い者もいれば、子どもが手を離れ悠々自適の主婦もいるだろう。

一方で、控除等の対象者にならなくとも、ケアワークの負担を負う者もいる。たとえば、男女問わず未婚のまま老親の介護をしている者などはケア負担を担いつつ、何の優遇策も受けられていない。

さらに、同じ「主婦」でも、夫の収入が多く配偶者控除の範囲で十分生活ができる層と、夫とともに家計責任の両輪を担うだけ働かねばならない層とでは差がある。後者のほうがより家計貢献のため多くの時間を割いているのに、前者のほうが優遇されるとあっては、不公平感も煽られよう。

これらの矛盾を解決すべく、D・セインズベリーは、社会福祉制度における従来の「男性稼ぎ手モデル」から「個人モデル」を区別することを主張した[*14]。

そこから、資格付与のあり方を困窮など「ニーズによって」、扶養家族など「妻として」、さらにケアする「母として」等の区別を行った。このことは、既婚女性に妻・母役割がすべて自動的に付加されるとみなす従来の家族規範前提のあり方から、シングルマザーなど、ケア役割があっても扶養されてはいない女性のあり方を包摂する社会福祉制度への道を開き、福祉制度の個人化を提唱したのである。

さらに、この理論を分析し、家族社会学者・落合恵美子は次のように論じている[*15]。

1970年代から2000年代までにヨーロッパを中心になされた制度改革は、「『妻として』の派生的受給権から、就労やケア（育児・介護）という広義の経済活動による社会への貢献や普遍的市民権に基づいた直接的個人的受給権へという、大きな流れの中にある」といえる。

改革の眼目は、「①育児・介護期間の評価、②非正規雇用者の包摂と低い年金額の是正、③離婚時などの年金分割、④事実婚など多様な家族形態への対応、⑤基礎年金などの普遍的最低保障、⑥性中立的な制度設計、⑦女性の就労率を高める労働政策」以上7点である、と。これらはまさに、必要だが評価されなかった無償労働を、評価枠組みの中へ受容する試みといえる。

女性の「家事・育児と就労の両立」が字句通り目指されるならば、それは可能であると筆者は考える。だが、既存の雇用環境も家庭生活のあり方も変えなければ、それは「会社人間でありつつ家庭責任を全うせよ」との要請になる。これでは、多くの女性は選択できない。

結びにかえて

現在必要とされているのは、男性も含めた労働と家庭生活のあり方の再編である。単位時間あたりの生産性を高めかつ評価し、就労インセンティブを保ちつつ生活満足度を上げるためには、総合的な見直しが必要である。

政府が述べてきた「女性活躍」は、スーパーウーマンが飛来して問題を解決してくれることを待っていてはかなわない。そうではなく、今、就労の現場にいる普通の女性が、普通の男性と協業しその能力を発揮するための環境整備こそが求められている。

このためには、逆説的に「既存の男性の就労モデル」を疑い、問題を検証する必要がある。――「居場所のない男」。この観点は、現状の男性の社会的地位や経済的優位性が、決して当の男性にとって幸福なものではないことを示している。

だから、女性の社会進出と男性の家庭・地域社会進出をぜひとも推進することから始めてほしい。女性を企業のメンバーに加えると同時に、男性を地域社会のメンバーに加えることが必要である。このためには、旧来の「標準世帯のライフスタイル」を前提とした社会制度を見直し、全方位的な雇用環境の改善を行う必要がある。それこそが、今日の日本社会の巨大な「リビングにいる象」を正視し、少しずつ解体する方途であると信じる所以である。

〈了〉

＊1　山口一男、2009年『ワークライフバランス　実証と政策提言』日本経済新聞出版社、145

頁。

＊2　日本経済新聞社、２０１４年８月３日付社説より。

＊3　山口一男、前掲書、14―15頁。

＊4　黒田祥子、２０１４年10月18日「有給休暇の消化を企業に義務付け　これで休みは取りやすくなるのか？」『ＴＨＥ ＰＡＧＥ』。

https://headlines.yahoo.co.jp/hl?a=20141018-0000006-wordleaf-pol

＊5　桜本光・福石幸生、２０１１年「有給休暇完全取得の経済効果　産業連関分析を利用して」『三田商学研究』Vol.54 No.1（2011. 4）、51―67頁。

＊6　日本生産性本部、２０１９年「労働生産性の国際比較」*prices*

＊7　Visser, J. and Hemerijck, A., 1997, *A Dutch Miracle: Job Growth, Welfare Peform and Corporatism in the Netherlands*, Amsterdam University Press.

＊8　契約労働と訳される。いわゆる日本での「パート労働者」に近い。

＊9　ただし、この「福祉切り下げ」に関してはいわゆる新自由主義の席巻によるものであるとの批判もなされている。

＊10　'Too good to be true?', *The Economist*, 12 October, 1996.

＊11　Berque, A., 2000, *Écoumène : Introduction à l'étude des milieux humanis*, Éditions Belin.　中山元訳、２００２年『風土学序説　文化をふたたび自然に、自然をふたたび文化に』筑摩書房。

＊12　Thurlings, J.M.G., 1979, 'Pluralism and Assimilation in the Netherlands, with Special Reference to Dutch Catholicism', *International Journal of Comparative Sociology*, 20（1-2）: 82-100.

＊13　Blom, J.C.H., 2000, 'Pillarisation in Perspective', *West European Politics*, vol.23, no.3, P153-194.

＊14　Diane Sainsbury, 2003, *Gender, Equality, and Welfare States*, Cambridge University Press.

＊15　落合恵美子、２０１１年「特集：高齢女性の所得保障　年金を中心に　趣旨」『海外社会保障研究』№１７５、２―８頁。

あとがき

個人的なことで恐縮だが、本書校了間際のこの時期に、息子が風邪を引いて小学校を休んでしまった。さらにウイルス性のイボができてしまい、痛がる息子を皮膚科に連れて行った。息子を待合室の子ども用遊具コーナーで遊ばせながら、本書の赤入れを行っていた。考えたら、こういう風に遊具のある病院や店ばかり選択するようになってしまって久しい。

子どものイボは、ウイルスを殺すためにマイナス200度の液体窒素で処置する必要があるという。

「治るまで、週1回ずつ通院してくださいね」

と、にこやかに皮膚科医師に言われた。息子は鼻も悪く、耳鼻科にも通院せねばならない。耳鼻科のほうは、可能ならば毎日でも来て鼻を吸引したほうがいいと言われた。耳鼻科はとても混んでいて、いつも2時間は待たねばならない。とても毎日は無理なので、悩んだ末鼻の吸引器を購入した。それでも、ある程度定期的に通わねばならない。

息子の通院に週2日かかるとして、現在習い事にも通っているから、週3日、子どもを連れてどこかしら通わねばならないのか……。いや、アレルギーなどのある子どもの場合、通院頻度は跳ね上がる。フルタイムで働いている母には、困難極まりないだろう。

皮膚科の低温窒素治療に耐えた息子は、ご褒美にお気に入りのカフェで子ども用パンケーキが食べたいと言う。というわけで、現在目の前でパンケーキを美味しそうに頬張る息子を前に、ノートパソコンでこの文章を書いている。

ここのパンケーキは、丁寧に1枚1枚焼き上げるため、時間がかかる。待っている間、息子は店の遊具で遊びたいと言うので、行かせてあげた。はしゃいで走る息子が、商談中のスーツ姿のビジネスマンにぶつかった。すいません、と私が言うと、相手にはぎろりとにらまれた。ああ……暇な主婦が、子どもをろくに見ずにパソコンで遊んでいると思われたな……などと思う。

私は、息子のリクエストで紅茶を頼んだ。息子は、紅茶の飲みごろを知らせる砂時計が大好きである。

「砂時計は、時間を丸見えにするんだね」

と、息子が言う。こんな風に人の抱えた忙しい時間が透明化されれば、女性の時間貧困も理解されるのかな……と、ふと思う。この国の男女それぞれの生きづらさは、互いの無理解にも起因している。本書で検証した男性の関係貧困と女性の時間貧困が、この豊かな国における生活実態の貧しさを浮き彫りにすることに貢献したならば、幸甚である。

最後に、本書執筆にあたり多くのヒントをくださった品田知美さん、資料集めを手伝ってくれた夫・田中人、そして何より遅筆の私を叱咤激励し続けてくれた担当編集者の長澤香絵さんに、心より感謝します。長澤さんが拙文を面白いとおっしゃってくださったことを心の拠り所に、何とか書き続けることができました。この場を借りて、心よりお礼申し上げます。

2015年5月　武蔵野市のカフェにて

文庫版　あとがき

時間の流れというのは、早いようで遅く、遅いようで早い。本書を文庫にというありがたいお話を受け、改めてじっくり見直して、そんなことを実感した。

この国の男性は退職すると「居場所」がなくなる人間関係貧困、略して「関係貧困」に陥りやすく、女性は家事に育児に介護にと、重い家庭責任を負いながら昨今は外で働く有償労働にも従事することが一般化し、時間に追われる「時間貧困」……。あれから5年の月日が流れたが、社会の構造的な部分は驚くほど変わっていない。文庫版所収にあたり、掲載したデータの多くを最新版にアップデートしたが、構造的な問題の根深さを、再認した。

もちろん、日本社会はその間変化を拒んでいた訳ではない。「働き方改革」が叫ばれ、「ダイバーシティ」や「コンプライアンス」、さらには「SDGs」などが称揚され、さらに、#MeToo運動などのさまざまな社会的ムーブメントを受け、セクハラやパワハラについては、許すべきではないという意識はここ5年の間で広く一般に浸透した。そして実際、人々の意識も変わりつつある。

だが残念なことに、近年日本は世界経済フォーラムの発表する「ジェンダーギャップ指数」もどんどん順位を下げ、時間当たり労働生産性も他の先進諸国の伸び率に比べお寒い限りである。要するに、日本も頑張ってはいるのだが、他の先進諸国の進化速度の方がずっと速いため、相対的に遅れを取っているのである。

思うに、受験でいえば日本の「ジェンダー平等偏差値」は、さまざまな統計データが示すように先進国最低水準である。偏差値というのは、当人が頑張って勉強しても、競争相手がもっと飛躍的に頑張って効率よく勉強していれば、自ずと順位は下がってしまう。あえて言えば、ジェンダー平等に関して日本は「頑張っているけれども頑張り方が足りないか、そもそも頑張り方が分かっていない受験生」のようなものではないのか。

ジェンダー平等度を高め、性差よりも当人の適性や個性が重視され、不公平が可能な限り是正され、誰もが効率よく働きかつどのようなケアワーク責任を負っても就業継続の意思があれば可能な限り最適な条件で働き続けられること、男女問わず仕事を辞めても世帯類型がどのようなものであっても、誰もが社会的孤立に陥らないこと……そのような社会づくりの目的は、人々の幸福のために貢献することに他ならない。と、私は考えてさまざまなところに文章を書いたり、講演をしたり、テレビやラジオでコメントしたり……してきたのだが、なかなか事態は思うように進んではくれないようである。なぜだ。私が相変わらず、マイナーなもの書きだからか。それも大いにあるが、この社会は本当に手強い。

2018年に発覚した、東京医科大学の入試における女子受験生ならびに複数年浪人生を、減点していたことが明るみに出た「事件」は、この「変わらない日本の社会構造」を象徴していたように思う。将来大学病院への勤務医育成という意図も大きい私立医科大学で、結婚出産を経て離職する可能性の高い女子を出来るだけ除外したかった、というのが大学側の本音であるらしい。

同大の姿勢には批判が集まる一方で、現役医師などの「現場の声」ないしは「関係者」からの声という話で、これは「必要悪」との意見も散見した。

必要悪とは、その名の通り、道徳的・社会通念的に「悪」だが、それをなくした場合に、さらなる「悪」がはびこってしまうため、やむを得ず行使される悪を意味する。これは、その場の小集団内での「合理性」が、普遍的な善悪よりも優先される場で行われる悪、ともいうことができる。

では、本件について少し俯瞰的に考えてみたい。まず、入試という公正さが求められる場において性別による点差をつけることは、日本国憲法第14条「すべて国民は、法の下に平等であつて、人種、信条、性別、社会的身分又は門地により、政治的、経済的又は社会的関係において、差別されない」に違反する。

そもそも近代社会とは、生まれながらの性差や身分のような生得的地位よりも、当人が後天的な努力により獲得した能力やその結果としての学位、資格などにより、社会的地位が決定するはずという「業績原理」を前提としている。このため、本件は近代国家の成立基盤そのものを揺るがす不正でもある。

また、東京医科大学は私大であるのだから、学生受け入れの根拠は独自に決定して良いのでは、という意見も散見した。たしかに、大学はそれぞれ入学者受け入れの方針である「アドミッションポリシー」を公表しなければならない。それは、自分たちの教育理念や校風に鑑みて、どのような学生像を求めるのかということを意味する。

そこで私は同大のアドミッションポリシーを確認してみた。そこには、「1．十分な基礎学力をもつ人」とあり、9項目あるポリシーのいずれにも、「女子と複数浪人生は望ましくない」という文言はなかった。そのうえ東京医科大学は女性の活躍を推進する国の事業にも選ばれ、8千万円の補助金を受けていたという。

もう、何も言えない。筆者の脳内には、咄嗟に遠藤周作原作、マーティン・スコセッシ監督映画『沈黙―サイレンス―』の、灰色の空の下荒い波の海辺を歩く悲愴な顔の宣教師役、アンドリュー・ガーフィールドとアダム・ドライヴァーのポスターが浮かんでしまったくらい、何も言えない事態である。

さらに言えば、医療というのは極めて公共性の高い学術領域である。国民の誰もがその恩恵を受けるという意味で、いわば誰もが「ステークホルダー（利害関係者）」といえる領域なのだ。その領域で、充分な資質を持つ人材（つまり純粋に学力で選別した学生）よりも、使い勝手の良い人材を優先させた……というのは、結果的に日本社会の公共性にも反する不正といえるのではないか。

◇問い：このようにしてまで東京医科大学は、憲法、近代社会の理念、アドミッションポリシー、補助金申請、そして日本社会の公共性等に反してまで女子受験生と多浪人生を差別し、一体何を「死守」しようとしたのでしょうか。

◇答え：現状での大学病院勤務医のブラックな職場環境です。

……もう、何も言えない。今度は先ほどの映画で、隠れキリシタンとして海辺で十字架にはり付けにされたまま黙って荒波に沈んでいく塚本晋也が浮かんでしまうくらい、以下同文。

さて、社会の制度があまりに高度な安定性を持ってしまい、たとえ大きな問題があっても合理的な解決策が取れなくなってしまうこと――これを、社会学では「制度的惰性」という。この社会には、とりわけジェンダー不平等に関してこの制度的惰性が蔓延しているように思う。

解決策は、ある。要は、みんなで「せーの!」で不公正を改めれば良いのである。でも、これができない。どうしてか。「そういうもの」だからである。「みんなやっている」からである。そして、「みんなやっていることが正義とほぼ同一視されている」のが、この国だからである。

でも、それって、おかしくないだろうか?

「おかしい!」と、前回のあとがきではまだ小学校2年生だった息子は即答した。

現在、息子は小学6年生。現在、世界を席巻している新型コロナウィルスのせいで学校が休校になってしまい、ひたすら家にいる。少し前に中学受験を終えたばかりだ。受験勉強時は、参考になるので(本人が受験する予定はなかったが)いわゆる女子御三家をはじめとする難関女子中学の過去問を結構解かせていた。

「こんな難しい問題を解けるようになるくらい、ものすごく努力して来た女の子たちが、受験とか就職試験とかで差別されるのはおかしい！」そうである。

勉強のできる女の子って、どう思う？ と聞いたら、

「かっこいい！ 尊敬しかない」という。「僕も勉強頑張ったから、頑張ってる子は女子も男子もみんな偉いと思うけど」と。

そのうち「社会」が息子の中に入り込み、いつの間にか「自分より出来る女子」を敬遠したりするようになるのだろうか。ふと自分の中学生時代、思春期に入った周囲の女の子達が、男子の目を気にして勉強をセーブしたりする現象をもやもやした気持ちで見ていたのを思い出した。できれば息子には、今の感性を大切にしたまま大人になって欲しいと願うばかりだが、それは難しいだろうか……。

社会の変化は遅いが、子どもの成長は早い。おかげさまで無事志望校に合格して、今春入学を楽しみにしていた息子だが、例のウィルスのせいで入学式は中止となり、新学期開始も後倒しとなった。

思えば、前書のあとがきを書いた後も、私はウィルスにたたられた。子どものウィルス性イボが私にもうつり、子どもが治った後も私一人で皮膚科に通う羽目に陥った

のである。病院付近で子どもがちょろちょろ動き回らないようにいつも手を引いていたので、子どもの手と触れていたところに同じ形のイボが出来てしまった……。これまでも、風邪だの、ノロウィルスだの、子どもにうつされた病気は枚挙に暇がない。

今回の新型コロナウィルスは、今のところワクチンも特効薬も開発されていないので、症状が軽い場合は自宅待機が推奨されている。結局のところ、家族のケア役割を期待されているのは女性が多数派だろう。3月頭からの全国一斉休校も、共働き世帯で就業調整しているのは実質的には女性が多いのは推察できる。

女性たちのケアワークは、結局経済の「外部」で無料奉仕が当然であり、政府や政策の視点からは、労働の価値や評価対象としては「見えない」のだろうか。「強い経済」を謳う現行政府は、GDP600兆円や女性就業率上昇などの数値目標は盛んに掲げるが、相変わらず国民の「幸福」には無関心のようにみえる。

ただ、それでも社会は、変わるべき方向に変わっていくのだろう。将来、この本で指摘したような社会の問題点が、次世代の人たちに「信じられない旧弊」「それに比べれば今はいい時代だ」と驚かれるようであってほしいと切に願う。出来れば、息子たちの世代が大人になるころには。

最後に、この文庫版改訂作業中、休校で在宅中の子どもの相手に多大な時間を割いてくれた夫・田中人と、データ改定に際し多大なお手間をおかけした担当編集者の砂金有美さんに、心より感謝とお礼を述べさせていただきます。

2020年3月　三鷹にて

解説　権力関係を超えて、問題に向き合う

内田　良（名古屋大学）

水無田さんのご高著『「居場所」のない男、「時間」がない女』の解説文とあって、出版社から依頼をいただいた際には、おおいに舞い上がり、「よろこんで承ります！」と即答してしまった。いざ筆をとると、じわりじわりとプレッシャーが押し寄せてくる。

水無田さんにはじめてお目にかかったのは、2016年2月のことだ。本書にも登場するNHK総合テレビの『NEWS WEB』という番組で、水無田さんがネットナビゲーターを担当なさっていた回のときに、私はスタジオに生出演した。当時全国の学校で流行っていた巨大組み体操の問題について、学校事故の専門家の立場で「スタジオ解説」によばれたのであった。水無田さんのお仕事に直接関わることができる機会をいただいたのは、NHK以来今回が2回目なのだが、「解説」つながりに不思議なご縁を感じている。

さて、私の専門は「教育社会学」である。普段は学校事故をはじめとする教育関連のことで情報発信をすることが多く、実際に大学教員としても教育学部に身を置いている。一方で、教育社会学の学術的な母体は社会学であり、私自身のアイデンティティも社会学寄りだ。また、私がかつて大学院生だった頃は、家庭における「子ども虐待」が研究テーマであった。それはジェンダーや近代家族への関心がとても強かったことに由来している。

社会学そしてジェンダー・家族と、いずれにおいても私のはるか先を走っていらっしゃる、いや遠すぎてもはや見えない水無田さんのご高著を、「解説」しなければならない。プレッシャーの正体はそこにある。

「解説」というにはあまりに荷が重い。だけれども、ジェンダー・家族から教育にシフトしてきた私なりの経歴を活かして、自分の問題関心に引きつけながら、本書の魅力に迫っていきたいと思う。

本書の内容を私なりに解釈し、ぜひとも私が読者の皆さんにお伝えしたいのは、人の苦悩や困難に寄り添うという、まずはそのことの大切さである。

「まずは」と強調したことには、理由がある。私たちは、苦悩や困難を語ったりまたそれを理解しようとしたりするとき、「まずは」特定の権力関係（支配―被支配あるいは強者―弱者の関係）を前提にすることが多い。学校教育を例にとって説明してみよう。

学校における日々の教育活動は言うに及ばず、教育学における理論や研究もまた、子どもの成長や学習を促すことを至上命題としている。言い換えるならば、学校教育に関わるあらゆる活動や研究は、いずれも「子どものため」である。したがって、そこで何らかの問題が生じたときには、権力関係において支配の側に立つ教師に、非難の矛先が向けられる。苦しんだり困ったりしているのは、支配される側（弱者）の子どもであって、支配する側（強者）の教師ではない。

振り返ってみると、これまでの学校問題あるいは教育問題というのは、教師叩きの歴史であった。子どもどうしのいじめが起きれば、「教師は見て見ぬフリをする」、中学生が教師を殴ったときでさえ、「教師の子ども理解が足りなかった」。いずれも、そうした事態を引き出してしまった教師にこそ問題があるとされる。具体的な検証を経る前から、人びとは教師に対して厳しい目線を向ける。教師叩きという態度が、最初から用意されていて、その前提でコミュニケーションが交わされていく。

一方で、学校の日常に迫っていくと、まるでちがった世界が見えてくる。ご存じのとおり、学校の教員はいま、過酷な労働状況に置かれている。

2016年度に文部科学省が公立の小中学校教員を対象に実施した教員勤務実態調査によると、平日における平均の労働時間（持ち帰り仕事の時間は含まない）は、小学校教諭が11時間15分、中学校教諭が11時間32分に達する。厚生労働省が定める「過労死ライン」（時間外労働が月80時間以上）を超える教員が、小学校で33・5％、中学校では57・7％を占めている。総じて、「『時間』がない職種」と言える。（なお参考までに、子育て期にあたる30代と40代の男女差をみてみると、概して男性教諭のほうが女性教諭よりも労働時間は長く、中学校では約30分の開きがある。）

業務過多で目の前の仕事に追われていると、何が起きるか。ある現役の教師は、「毎日12時間いろんな業務に追われていて、子どものSOSを見逃しているのではないかと不安になることがある」と語っていた。授業の空き時間を使って、その日の夕刻までに40冊の日記やノートを一冊ずつチェックしてコメントを付して、子どもに返却する。空き時間がないときは、とにかく給食を胃のなかに流し込んで、時間をつくる。そのような状況では、個々の子どもの訴えに耳を傾けられないというのだ。

また、何かにつけて安直な教師叩きが起きる今日、教師は「うちのクラスでいじめが起きた」ことを、口に出して他者に相談することに抵抗を感じることさえある。そうこうしているうちに、それが重大事案に発展してしまう。非難こそが、非難されるべき事態を結果的に生じさせるのだ。

既存の教師叩きをつづけたところで、問題は解決しない。「まずは」教師の置かれた状況を内在的に理解するところから、支配する側と支配される側の両者の苦悩や困難の緩和に向けた議論が始まる。

本書『「居場所」のない男、「時間」がない女』は、そのタイトルからして、それぞれの性が置かれやすい苦境に、まなざしを注いでいる。男性は仕事以外の人間関係に乏しい「関係貧困」に、女性は自分の自由時間がほとんどもてない「時間貧困」に陥っている。女性だけが困っているわけではない。男性も困難を抱えている。まさに「ジェンダー」の問題である。

仮に社会構造的には男性＝支配者＝強者、女性＝被支配者＝弱者と措定されようとも、現実的には弱者である女性にくわえて強者である男性も、それぞれの性がそれぞれの立場で苦しんでいる。本書を読み進めていくと、支配する側にいるはずの男性の人生は、自殺、孤独死、ひきこもり、生涯未婚、ホームレス……と、生活・生命を脅かす重大なリスクに充ち満ちている。読んでいるだけで、気分が沈み込んでいく。

ちなみに私は普段、対外的には「性別は不詳」ということにしている。私の性別を特定しているつもりの人たちは、私の裸を見たというのだろうか、戸籍を見たというのだろうか。いや、見たとしてもわからないかもしれない。そういった気づきを呼び起こすために、「不詳」ということにしている。ただ正直に申し上げると、本書で次々に登場する男性の重大リスクを目の当たりにして、「我ながら、自分はよく生き残ってきたものだ」「いや、人生は長い。まだ油断はできぬ」と感じたことを、こっそりここに付記しておきたい。

なお私の性別が半ば明らかになってしまったからこそ、念のために申し添えるならば、どうか私の主張を男性側からの「バックラッシュ」と理解することのなきようお願いしたい。バックラッシュとは、ある主張に対する反動的な攻撃である。私はけっして女性の苦悩は取るに足りないと主張したいのではない。女性の時間貧困を改善するには、男性の関係貧困も同時に改善していく。言うまでもなく「前向きの男女平等」を目指している。

権力関係を解体して「まずは」苦悩や困難を出発点とする水無田さんの視点は、女性と子どもの関係をめぐる議論においても確認することができる。本書では「ベビーカー論争」に関して、だっこやおんぶのほうが赤ちゃんには安心だという意見に対し、もっとも大事なことは「母親に余裕があること」であり、余裕がなければ赤ちゃんのことを十分に気遣うこともできないという主張が展開されている。母親に余裕があるからこそ子どもに気遣いができる。先に述べた、教師に余裕があるからこそ子どもに目が届くという状況と重なってくる。

男性―女性の関係と、大人―子どもの関係を単純に同一視すべきではないかもしれない。だが私が強調したいのは、支配者（強者）を責めれば被支配者（弱者）の苦境が改善されるという、わかりやすい構図からの脱却である。すなわち、ときに支配者（強者）が抱える苦境を改善することが、じつは弱者にも同様あるいはそれ以上の効果をもたらしてくれることがある。

教育社会学を含め社会学という学問領域はこれまで、構造的な弱者の境遇を理解し、説明してきた。私は、これはどの学問領域に対しても誇れる、社会学の魅力だと思っている。そしてさらに社会学は、その弱者が字義どおりに弱っているのではなく、力強さをもった主体であることも描き出してきた。社会構造に押しつぶされることのない、リアルな行為者像である。

社会学とは総じて、構造的な弱者に光を当ててくれる学問であり、同時に弱者は強くもあるのだということを教えてくれる学問である。ただその特長が、かえって強者の事情を軽視することになってしまったようにも、私には思える。「権威主義的パーソナリティ」概念が看破したように、権威的な人間こそ誰よりも不安に怯えていると も言える。構造的な強者に光を当て、強者は弱くもあるのだという見解もまた、社会学においてもっと深められるべき論点である。

立場に関係なくみんな一緒にずぶずぶと沈んでいく後ろ向きな世の中よりは、みんな一緒にいまよりマシな生活を目指す前向きな世の中のほうを、私は好む。「解説」の「解」とは、角のある牛を刀で裂いていくという、まあまあ強烈な漢字である。だがそうした大胆な作業こそが、私たちがそれぞれの立場に課している生きづらさから、私たち全体を解き放ってくれるにちがいない。この書には、みんなを笑顔にするヒントが、たくさん詰まっている。さあこの書をたずさえて、自分たちの世界を、解きほぐしていこう。

本書は二〇一五年に日本経済新聞出版社より刊行された。
文庫化にあたって、加筆・修正を行った。

スタバではグランデを買え！　吉本佳生

身近な生活で接するものやサービスの価格を、やさしい経済学で読み解く。「取引コスト」という概念で学ぶ、消費者のための経済学入門。（西村喜良）

新宿駅最後の小さなお店ベルク　井野朋也

新宿駅15秒の個人カフェ「ベルク」。チェーン店にはない創意工夫に満ちた経営と美味さ。帯文＝奈良美智（柄谷行人／吉田戦車／押野見喜八郎）

味方をふやす技術　藤原和博

他人とのつながりがなければ、生きてゆけない。でも味方をふやすためには、嫌われる覚悟も必要だ。ほんとうに豊かな人間関係を築くために！

ほんとうの味方のつくりかた　松浦弥太郎

一人の力は小さいから、豊かな人生に〈味方〉の存在は欠かせません。若い君に贈る、大切な味方の見つけ方と育て方を教える人生の手引書。（水野仁輔）

増補　経済学という教養　稲葉振一郎

新古典派からマルクス経済学まで、知っておくべき経済学のエッセンスを分かりやすく解説。本書を読めば筋金入りの素人になれる⁉（小野善康）

町工場・スーパーなものづくり　小関智弘

宇宙衛星から携帯電話まで、現代の最先端技術を支えているのが町工場だ。そのものづくりの原点を、元旋盤工でもある著者がルポする。（中沢孝夫）

トランプ自伝　ドナルド・トランプ／トニー・シュウォーツ　相原真理子訳

一代で巨万の富を築いたアメリカの不動産王ドナルド・トランプが、その華麗なる取引の手法を赤裸々に明かす。（ロバート・キヨサキ）

英語に強くなる本　岩田一男

昭和を代表するベストセラー、待望の復刊。暗記やテクニックではなく本質を踏まえた学習法は今も新鮮なわかりやすさをお届けします。（晴山陽一）

英単語記憶術　岩田一男

単語を構成する語源を捉えることで、語の成り立ちを理解することを説き、丸暗記では得られない体系的な英単語習得を提案する50年前の名著復刊。

ポケットに外国語を　黒田龍之助

言葉への異常な愛情で、外国語本来の面白さを伝えるエッセイ集。ついでに外国語学習が、もっと楽しくなるヒントもつまっている。（堀江敏幸）

私の幸福論　福田恆存

この世は不平等だ。何と言おうと！　しかしあなたは幸福にならなければ……。平易な言葉で生きることの意味を説く刺激的な書。（中野翠）

生きるかなしみ　山田太一編

人は誰でも心の底に、様々なかなしみを抱きながら生きている。「生きるかなしみ」と真摯に直面し、人生の幅と厚みを増した先人達の諸相を読む。

老いの生きかた　鶴見俊輔編

限られた時間の中で、いかに充実した人生を過ごすかを探る十八篇の名文。来るべき日にむけて考えるヒントになるエッセイ集。

人生の教科書［よのなかのルール］　藤原和博　宮台真司

〝バカを伝染（うつ）さない〟ための「成熟社会へのパスポート」です。大人と子ども、お金と仕事、男と女と自殺のルールを考える。（重松清）

14歳からの社会学　宮台真司

「社会を分析する専門家」である著者が、社会の「本当のこと」を伝え、いかに生きるべきか、に正面から答えた。重松清、大道珠貴との対談を新たに付す。

逃走論　浅田彰

パラノ人間からスキゾ人間へ、住む文明から逃げる文明への大転換の中で、軽やかに〈知〉と戯れるためのマニュアル。

学校って何だろう　苅谷剛彦

「なぜ勉強しなければいけないの？」「校則って必要なの？」等、これまでの常識を問いなおし、学ぶ意味を再び掴むための基本図書。（小山内美江子）

生き延びるためのラカン　斎藤環

幻想と現実が接近しているこの世界で、できるだけリアルに生き延びるためのラカン解説書にして精神分析入門書。カバー絵・荒木飛呂彦（中島義道）

反社会学講座　パオロ・マッツァリーノ

恣意的なデータを使用し、権威的な発想で人に説教する困った学問「社会学」の暴走をエンターテイメントな議論で撃つ！　真の啓蒙は笑いから。

「社会を変える」を仕事にする　駒崎弘樹

元ITベンチャー経営者が東京の下町で始めた「病児保育サービス」が全国に拡大。「地域を変える」が「世の中を変える」につながった。

誘拐　本田靖春
戦後最大の誘拐事件。残された被害者家族の絶望、犯人を生んだ貧困、刑事達の執念を描くノンフィクションの金字塔！　（佐野眞一）

疵　本田靖春
戦後の渋谷を制覇したインテリヤクザ安藤組の大幹部、力道山よりも喧嘩が強いといわれた男……。伝説に彩られた男の実像を追う。　（野村進）

宮本常一が見た日本　佐野眞一
戦前から高度経済成長期にかけて日本中を歩き、人々の生活を記録した民俗学者、宮本常一。そのまなざしと思想、行動を追う。　（橋口譲二）

新忘れられた日本人　佐野眞一
佐野眞一がその数十年におよぶ取材で出会った、無私の人、悪党、そして怪人たち。時代の波間に消えて行った忘れえぬ人々を描き出す。　（後藤正治）

占領下日本（上・下）　半藤一利／竹内修司／保阪正康／松本健一
1945年からの7年間日本は「占領下」にあった。この時代を問うことは、戦後日本を問い直すことである。多様な観点と仮説から再検証する昭和史。

現人神の創作者たち（上・下）　山本七平
日本を破滅の戦争に引きずり込んだ呪縛の正体とは何か。幕府の正統性を証明しようとして、逆に「尊皇思想」が成立する過程を描く。　（山本良樹）

東京の戦争　吉村昭
東京初空襲の米軍機に遭遇した話、寄席に通った話。少年の目に映った戦時下・戦後の庶民生活を活き活きと描く珠玉の回想記。　（小林信彦）

ワケありな国境　武田知弘
メキシコ政府発行の「アメリカへ安全に密入国するための公式ガイド」があるってほんと⁉　国境にまつわる60の話題で知る世界の今。

週刊誌風雲録　高橋呉郎
昭和中頃、部数争いにしのぎを削った編集者・トップ屋たちの群像。週刊誌が一番熱かった時代を貴重な証言とゴシップたっぷりで描く。　（中田建夫）

増補版　ドキュメント　死刑囚　篠田博之
幼女連続殺害事件の宮﨑勤、奈良女児殺害事件の小林薫、附属池田小事件の宅間守、土浦無差別殺傷事件の金川真大……モンスターたちの素顔にせまる。

田中清玄自伝 田中清玄 大須賀瑞夫

戦前は武装共産党の指導者、戦後は国際石油戦争に関わるなど、激動の昭和を侍の末裔として多彩な人脈を操りながら駆け抜けた男の「夢と真実」。

権力の館を歩く 御厨貴

歴代首相や有力政治家の私邸、首相官邸、官庁、政党本部ビルなどを訪ね歩き、その建築空間を分析。権力者たちの素顔と、建物に秘められた真実に迫る。

タクシードライバー日誌 梁石日（ヤンソギル）

座席でとんでもないことをする客、変な女、突然の大事故。仲間たちと客たちを通して現代の縮図を描く異色ドキュメント。（崔洋一）

新版 女興行師 吉本せい 矢野誠一

大正以降、大阪演芸界を席巻した名プロデューサーにして吉本興業の創立者。ＮＨＫ朝ドラ『わろてんか』のモデルとなった吉本せいの生涯を描く。

ぼくの東京全集 小沢信男

小説、紀行文、エッセイ、評伝、俳句……作家は、その町を一途に書いてきた。『東京骨灰紀行』など65年間の作品から選んだ集大成の一冊。（池内紀）

吉原はこんな所でございました 福田利子

三歳で吉原・松葉屋の養女になった少女の半生を通して語られる、遊廓「吉原」の情緒と華やぎ、そして盛衰の記録。（阿木翁助　猿若清三郎）

ちろりん村顛末記 広岡敬一

トルコ風呂と呼ばれていた特殊浴場を描く伝説のノンフィクション。働く男女の素顔と人生、営業システム、歴史などを記した貴重な記録。（本橋信宏）

ぐろぐろ 松沢呉一

不快とは、下品とは、タブーとは。非常識って何だ。公序良俗を叫び他人の自由を奪う偽善者どもに〝闘うエロライター〟が鉄槌を下す。

独特老人 後藤繁雄編著

埴谷雄高、山田風太郎、中村真一郎、淀川長治、水木しげる、吉本隆明、鶴見俊輔……独特の個性を放つ思想家28人の貴重なインタビュー集。

呑めば、都 マイク・モラスキー

赤羽、立石、西荻窪……ハシゴ酒から見えてくるのは、その街の歴史。古きよき居酒屋を通して戦後東京の変遷に思いを馳せた、情熱あふれる体験記。

考現学入門　今和次郎　藤森照信編
震災復興後の東京で、都市や風俗への観察・採集から はじまった〈考現学〉。その雑学の楽しさを満載し、新編集でここに再現。（藤森照信）

路上観察学入門　赤瀬川原平／藤森照信／南伸坊編
マンホール、煙突、看板、貼り紙……路上から観察できる森羅万象を対象に、街の隠された表情を読みとる方法を伝授する。（とり・みき）

TOKYO STYLE　都築響一
小さい部屋が、わが宇宙。ごちゃごちゃと、しかし快適に暮らす、僕らの本当のトウキョウ・スタイルはこんなものだ！　話題の写真集文庫化！

自然のレッスン　北山耕平
自分の生活の中に自然を蘇らせる、心と体と食べ物のレッスン。自分の生き方を見つめ直すための詩的な言葉たち。　帯文＝服部みれい（曽我部恵一）

バーボン・ストリート・ブルース　高田渡
流行に迎合せず、グラス片手に飄々とうたい続け、いぶし銀のような輝きを放ちつつ逝った高田渡の酔いどれ人生、ここにあり。（スズキコージ）

素敵なダイナマイトスキャンダル　末井昭
実母のダイナマイト心中を体験した末井少年が、革命的野心を抱きながら上京、キャバレー勤務を経て伝説のエロ本創刊に到る仰天記。（花村萬月）

青春と変態　会田誠
著者の芸術活動の最初期にあり、高校生男子の暴発するエネルギーを、日記形式の独白調で綴る変態的青春小説もしくは青春的変態小説。（松蔭浩之）

官能小説用語表現辞典　永田守弘編
官能小説の魅力は豊かな表現力にある。本書は創意工夫の限りを尽したその表現をピックアップした、日本初かつ唯一の辞典である。（重松清）

増補　エロマンガ・スタディーズ　永山薫
制御不能の創造力と欲望で数多の名作・怪作を生んできた日本エロマンガ。多様化の歴史と主要ジャンルを網羅した唯一無二の漫画入門。（東浩紀）

いやげ物　みうらじゅん
水で濡らすと裸が現われる湯呑み。着ると恥ずかしい地名入Tシャツ。かわいいが変な人形。抱腹絶倒土産物、全カラー。（いとうせいこう）

USAカニバケツ　町山智浩

大人気コラムニストが贈る怒濤のコラム集！ スポーツ、TV、映画、ゴシップ、犯罪……。知られざるアメリカのB面を暴き出す。（デーモン閣下）

戦闘美少女の精神分析　斎藤環

ナウシカ、セーラームーン、綾波レイ……「戦う美少女」たちは、日本文化の何を象徴するのか。「おたく」「萌え」の心理的特性に迫る。（東浩紀）

映画は父を殺すためにある　島田裕巳

〝通過儀礼〟で映画を分析することで、隠されたメッセージを読み取ることができる。宗教学者が教える、ますます面白くなる映画の見方。（町山智浩）

無限の本棚　増殖版　とみさわ昭仁

幼少より蒐集にとりつかれ、物欲を超えた〝エアコレクション〟の境地にまで辿りついた男が開陳する驚愕の蒐集論。伊集院光との対談を増補。

死の舞踏　スティーヴン・キング　安野玲訳

帝王キングがあらゆるメディアのホラーについて圧倒的な熱量で語り尽くす伝説のエッセイ。「2010年版へのまえがき」を付した完全版。（町山智浩）

間取りの手帖　remix　佐藤和歌子

世の中にこんな奇妙な部屋が存在するとは！ 間取りと一言コメント。文庫化に当たり、間取りとコラムを追加し著者自身が再編集。（南伸坊）

大正時代の身の上相談　カタログハウス編

他人の悩みはいつの世も蜜の味。大正時代の新聞紙上で129人が相談した、あきれた悩み、深刻な悩みが時代を映し出す。（小谷野敦）

日本地図のたのしみ　今尾恵介

地図記号の見方や古地図の味わい等、マニアならではの楽しみ方も、初心者向けにわかりやすく紹介。「机上旅行」を楽しむための地図「鑑賞」入門。

旅の理不尽　宮田珠己

旅好きタマキングが、サラリーマン時代に休暇を使い果たして旅したアジア各地の脱力系体験記。鮮烈なデビュー作、待望の復刊！（蔵前仁一）

国マニア　吉田一郎

ハローキティ金貨を使える国があるってほんと⁉ 私たちのありきたりな常識を吹き飛ばしてくれる、世界のどこか変てこな国と地域が大集合。

脇役本 濵田研吾
映画や舞台のバイプレイヤー七十数名が書いた本、関連書などを一挙紹介。それら脇役本が教えてくれる秘話満載。古本ファンにも必読。（出久根達郎）

時代劇 役者昔ばなし 能村庸一
「鬼平犯科帳」「剣客商売」を手がけたテレビ時代劇名プロデューサーによる時代劇役者列伝。春日太一氏との語り下ろし対談を収録。文庫オリジナル。

東京酒場漂流記 なぎら健壱
異色のフォーク・シンガーが達意の文章で綴るおかしくも哀しい酒場めぐり。薄暮の酒場に集う人々との無言の会話、酒、肴。（高田文夫）

旅情酒場をゆく 井上理津子
ドキドキしながら入る居酒屋。心が落ち着く静かな店も、常連に囲まれ地元の人情に触れた店も、それもこれも旅の楽しみ。酒場ルポの傑作！

満腹どんぶりアンソロジー
お〜い、丼（どん） ちくま文庫編集部編
天丼、カツ丼、牛丼、海鮮丼に鰻丼。こだわりの食べ方、懐かしい味から思いもよらぬ珍丼まで作家・著名人の「丼愛」が迸る名エッセイ50篇。

ひりひり賭け事アンソロジー
わかっちゃいるけど、ギャンブル！ ちくま文庫編集部編
勝てば天国、負けたら地獄。麻雀、競馬から花札や手本引きまで、ギャンブルに魅せられた作家たちの名エッセイを集めたオリジナルアンソロジー。

赤線跡を歩く 木村聡
戦後まもなく特殊飲食店街として形成された赤線地帯。その後十余年、都市空間を彩ったその宝石のような建築物と街並みの今を記録した写真集。

異界を旅する能 安田登
「能」は、旅する「ワキ」と、幽霊や精霊である「シテ」の出会いから始まる。そして、リセットが鍵となる日本文化を解き明かす。（松岡正剛）

老人力 赤瀬川原平
20世紀末、日本中を脱力させた名著『老人力』と『老人力②』が、あわせて文庫に！　ぼけ、ヨイヨイ、もうろくに潜むパワーがここに結集する。

裸はいつから恥ずかしくなったか 中野明
幕末、訪日した外国人は混浴の公衆浴場に驚いた。日本人が裸に対して羞恥心や性的関心を持ったのはいつなのか。「裸体」で読み解く日本近代史。

整体入門　野口晴哉

日本の東洋医学を代表する著者による初心者向け野口整体のポイント。体の偏りを正す基本の「活元運動」から目的別の運動まで。（伊藤桂一）

風邪の効用　野口晴哉

風邪は自然の健康法である。風邪をうまく経過すれば体の偏りを修復できる。風邪を通して人間の心と体を見つめた、著者代表作。（伊藤桂一）

体癖　野口晴哉

整体の基礎的な体の見方、「体癖」とは？　人間の体をその構造や感受性の方向によって、12種類に分ける。それぞれの個性を活かす方法とは？（加藤尚宏）

整体から見る気と身体　片山洋次郎

「整体」は体の歪みの矯正ではなく、歪みを活かしてのびのびした体にする。老いや病はプラスにもなる。滔々と流れる生命観。よしもとばなな氏絶賛！

東洋医学セルフケア３６５日　長谷川浄潤

風邪、肩凝り、腹痛など体の不調を自分でケアできる方法満載。整体、ヨガ、自然療法等に基づく呼吸法、運動等で心身が変わる。索引付。必携！

身体能力を高める「和の所作」　安田登

なぜ能楽師は80歳になっても颯爽と舞うことができるのか？「すり足」「新聞パンチ」等のワークで大腰筋を鍛え集中力をつける。（内田樹）

はじめての気功　天野泰司

気功をすると、心と体のゆとりができる。何かがふっと楽になる。のびのびとした活動で自ら健康を創る、はじめての人のための気功入門。（鎌田東二）

居ごこちのよい旅　松浦弥太郎　若木信吾写真

マンハッタン、ヒロ、バークレー、台北……匂いや気配で道を探し、自分だけの地図を描くように歩いてみよう。12の街への旅エッセイ。（若木信吾）

わたしが輝くオージャスの秘密　服部みれい　蓮村誠監修

インドの健康法アーユルヴェーダでオージャスとは生命エネルギーのこと。オージャスを増やして元気で魅力的な自分になろう。モテる！　願いが叶う！

あたらしい自分になる本　増補版　服部みれい

著者の代表作。心と体が生まれ変わる知恵の数々。文庫化にあたり新たな知恵を追加。冷えとり、アーユルヴェーダ、ホ・オポノポノetc.（辛酸なめ子）

解剖学教室へようこそ　養老孟司

解剖すると何が「わかる」のか。動かぬ肉体という具体から、どこまで思考が拡がるのか。養老ヒト学の原点を示す記念碑的一冊。（南直哉）

考えるヒト　養老孟司

意識の本質とは何か。私たちはそれを知ることができるのか。脳と心の関係を探り、無意識に目を向ける。自分の頭で考えるための入門書。（玄侑宗久）

身近な雑草の愉快な生きかた　稲垣栄洋　三上修・画

名もなき草たちの暮らしぶりと生き残り戦術を愛情とユーモアに満ちた視線で観察、紹介した植物エッセイ。繊細なイラストも魅力。（宮田珠己）

身近な虫たちの華麗な生きかた　稲垣栄洋　小堀文彦・画

地べたを這いながらも、いつか華麗に変身することを夢見てしたたかに生きる身近な虫たちを紹介する。精緻で美しいイラスト多数。（小池昌代）

クマにあったらどうするか　姉崎等　片山龍峯

「クマは師匠」と語り遺した狩人が、アイヌ民族の知恵と自身の経験から導き出した超実践クマ対処法。クマと人間の共存する形が見えてくる。（遠藤ケイ）

木の教え　塩野米松

かつて日本人は木と共に生き、木に学んだ教訓を受け継いできた。効率主義に囚われた現代にこそ生かしたい「木の教え」を紹介。（丹羽宇一郎）

脳はなぜ「心」を作ったのか　前野隆司

「意識」とは何か。どこまでが「私」なのか。死んだら「心」はどうなるのか。――「意識」と「心」の謎に挑んだ話題の本の文庫化。（夢枕獏）

錯覚する脳　前野隆司

「意識のクオリア」も五感も、すべては脳が作り上げた錯覚だった！　ロボット工学者が科学的に明らかにする衝撃の結論を信じられますか。（武藤浩史）

増補　へんな毒　すごい毒　田中真知

フグ、キノコ、火山ガス、細菌、麻薬……自然界にあふれる毒の世界。その作用の仕組みから解毒法、さらには毒にまつわる事件なども交えて案内する。

ニセ科学を10倍楽しむ本　山本弘

「血液型性格診断」「ゲーム脳」など世間に広がるニセ科学。人気SF作家が会話形式でわかりやすく教える、だまされないための科学リテラシー入門。

いのちと放射能　柳澤桂子
放射性物質による汚染の怖さ。癌や突然変異が引き起こされる仕組みをわかりやすく解説し、命を受け継ぐ私たちの自覚を問う。（永田文夫）

熊を殺すと雨が降る　遠藤ケイ
山で生きるには、自然についての知識を磨き、己れの技量を謙虚に見極めねばならない。山村に暮らす人びとの生業、猟法、川漁を克明に描く。

ダダダ菜園記　伊藤礼
畑づくりの苦労、楽しさを、滋味とユーモア溢れる文章で描く。自宅の食堂から見える庭いっぱいの農場で〝伊藤式農法〟確立を目指す。（宮田珠己）

哺育器の中の大人［精神分析講義］　伊丹十三　岸田秀
愛や生きがい、子育てや男（女）らしさなど具体的な問題について対話し、幻想・無意識・自我など精神分析の基本を分かりやすく解き明かす。（春日武彦）

こころの医者のフィールド・ノート　中沢正夫
こころの病に倒れた人と一緒に悲しみ、怒り、闘う医師がいる。病ではなく〝人〟のぬくもりをしみじみと描く感銘深い作品。（沢野ひとし）

本番に強くなる　白石豊
メンタルコーチである著者が、禅やヨーガの方法をとりいれつつ、強い心の作り方を解説する。「ここ一番」で力が出ないというあなたに！（天外伺朗）

自分を支える心の技法　名越康文
対人関係につきものの怒りに気づき、「我慢する」のでなく、それを消すことをどう続けていくか。人気精神科医からのアドバイス。長いあとがきを附す。

加害者は変われるか？　信田さよ子
家庭という密室で、DVや虐待は起きる。「普通の人」がなぜ？　加害者を正面から見つめ分析し、再発を防ぐ考察につなげた、初めての本。（牟田和恵）

人生の教科書［人間関係］　藤原和博
人間関係で一番大切なことは、相手に「！」を感じてもらうことだ。そのための、すぐに使えるヒントが詰まった一冊。（茂木健一郎）

バナナの皮はなぜすべるのか？　黒木夏美
定番ギャグ「バナナの皮すべり」はどのように生まれたのか？　マンガ、映画、文学……あらゆるメディアを調べつくす。（パオロ・マッツァリーノ）

ちくま文庫

「居場所」のない男、「時間」がない女

二〇二〇年五月十日　第一刷発行

著　者　水無田気流（みなした・きりう）

発行者　喜入冬子
発行所　株式会社　筑摩書房
東京都台東区蔵前二―五―三　〒一一一―八七五五
電話番号　〇三―五六八七―二六〇一（代表）
装幀者　安野光雅
印刷所　三松堂印刷株式会社
製本所　三松堂印刷株式会社

ISBN978-4-480-43656-6　C0136